Bundesbeamtengesetz (BBG)

und

Beamtenstatusgesetz (BeamtStG)

Impressum

© GROELSV – Verlag, Hans-Much-Weg 14, 20249 Hamburg, Telefon: 040/ 32030598; - Redaktion GROELSV

Wir sind bemüht, ein ansprechendes Produkt zu gestalten, dass vernünftigen Ansprüchen an das Preis/Leistungsverhältnis gerecht wird. Buchbewertungen, z. B. über den Distributor Amazon sind ausdrücklich erwünscht. Konstruktive Anregungen nutzen wir gerne, um künftige Auflagen zu ergänzen und anzupassen.

Inhaltsverzeichnis

Bundesbeamtengesetz (BBG)

-

BBG

Ausfertigungsdatum: 05.02.2009

"Bundesbeamtengesetz vom 5. Februar 2009 (BGBl. I S. 160), das durch Artikel 1 des Gesetzes vom 6. März 2015 (BGBl. I S. 250) geändert worden ist"

Stand:	Zuletzt geändert durch Art. 2 G v. 28.8.2013 I 3386
	Änderung durch Art. 1 G v. 6.3.2015 I 250 (Nr. 10)
Hinweis:	textlich nachgewiesen, dokumentarisch noch nicht
	abschließend bearbeitet

Abschnitt 1
Allgemeine Vorschriften

-

§ 1 Geltungsbereich

Dieses Gesetz gilt für die Beamtinnen und Beamten des Bundes, soweit nicht gesetzlich etwas anderes bestimmt ist.

-

§ 2 Dienstherrnfähigkeit

Das Recht, Beamtinnen und Beamte zu haben, besitzen der Bund sowie bundesunmittelbare Körperschaften, Anstalten und Stiftungen des öffentlichen Rechts, die dieses Recht zum Zeitpunkt des Inkrafttretens dieses Gesetzes besitzen oder denen es danach durch Gesetz oder aufgrund eines Gesetzes verliehen wird.

-

§ 3 Begriffsbestimmungen

(1) Oberste Dienstbehörde der Beamtin oder des Beamten ist die oberste Behörde eines Dienstherrn, in deren Geschäftsbereich die Beamtin oder der Beamte ein Amt wahrnimmt.
(2) Dienstvorgesetzte oder Dienstvorgesetzter ist, wer für beamtenrechtliche Entscheidungen über die persönlichen Angelegenheiten der ihr oder ihm nachgeordneten Beamtinnen und Beamten zuständig ist.
(3) Vorgesetzte oder Vorgesetzter ist, wer dienstliche Anordnungen erteilen darf.
(4) Die Dienstvorgesetzten- und Vorgesetzteneigenschaft bestimmt sich nach dem Aufbau der Verwaltung.

Abschnitt 2
Beamtenverhältnis

-

§ 4 Beamtenverhältnis

Beamtinnen und Beamte stehen zu ihrem Dienstherrn in einem öffentlich-rechtlichen Dienst- und Treueverhältnis (Beamtenverhältnis).

-

§ 5 Zulässigkeit des Beamtenverhältnisses

Die Berufung in das Beamtenverhältnis ist nur zulässig zur Wahrnehmung

1.
   hoheitsrechtlicher Aufgaben oder
2.
   von Aufgaben, die zur Sicherung des Staates oder des öffentlichen Lebens nicht ausschließlich Personen übertragen werden dürfen, die in einem privatrechtlichen Arbeitsverhältnis stehen.

-

§ 6 Arten des Beamtenverhältnisses

(1) Das Beamtenverhältnis auf Lebenszeit dient der dauernden Wahrnehmung von Aufgaben nach § 5. Es bildet die Regel.

(2) Das Beamtenverhältnis auf Zeit ist in gesetzlich besonders bestimmten Fällen zulässig und dient der befristeten Wahrnehmung von Aufgaben nach § 5. Für das Beamtenverhältnis auf Zeit gelten die Vorschriften über das Beamtenverhältnis auf Lebenszeit entsprechend, soweit nicht gesetzlich etwas anderes bestimmt ist.

(3) Das Beamtenverhältnis auf Probe dient der Ableistung einer Probezeit

1.

    zur späteren Verwendung auf Lebenszeit oder

2.

    zur Übertragung eines Amtes mit leitender Funktion.

(4) Das Beamtenverhältnis auf Widerruf dient

1.

    der Ableistung eines Vorbereitungsdienstes oder

2.

    der vorübergehenden Wahrnehmung von Aufgaben nach § 5.

(5) Das Ehrenbeamtenverhältnis dient der unentgeltlichen Wahrnehmung von Aufgaben nach § 5. Es kann nicht in ein Beamtenverhältnis anderer Art und ein solches kann nicht in ein Ehrenbeamtenverhältnis umgewandelt werden.

-

§ 7 Voraussetzungen des Beamtenverhältnisses

(1) In das Beamtenverhältnis darf berufen werden, wer

1.

    Deutsche oder Deutscher im Sinne des Artikels 116 Absatz 1 des Grundgesetzes ist oder die Staatsangehörigkeit

    a)

        eines anderen Mitgliedstaates der Europäischen Union oder

    b)

        eines anderen Vertragsstaates des Abkommens über den Europäischen Wirtschaftsraum oder

    c)

        eines Drittstaates, dem die Bundesrepublik Deutschland und die Europäische Union vertraglich einen entsprechenden Anspruch auf Anerkennung der Berufsqualifikationen eingeräumt haben,

    besitzt,

2.

    die Gewähr dafür bietet, jederzeit für die freiheitliche demokratische Grundordnung im Sinne des Grundgesetzes einzutreten, und

3.

    a)

        die für die entsprechende Laufbahn vorgeschriebene Vorbildung besitzt oder

    b)

        die erforderliche Befähigung durch Lebens- und Berufserfahrung erworben hat.

(2) Wenn die Aufgaben es erfordern, darf nur eine Deutsche oder ein Deutscher im Sinne des Artikels 116 des Grundgesetzes in ein Beamtenverhältnis berufen werden.

(3) Das Bundesministerium des Innern kann Ausnahmen von Absatz 1 Nr. 1 und Absatz 2 zulassen, wenn für die Berufung der Beamtin oder des Beamten ein dringendes dienstliches Bedürfnis besteht.

-

§ 8 Stellenausschreibung

(1) Zu besetzende Stellen sind auszuschreiben. Bei der Einstellung von Bewerberinnen und Bewerbern muss die Ausschreibung öffentlich sein. Ausnahmen von den Sätzen 1 und 2 kann die Bundesregierung durch Rechtsverordnung regeln.

(2) Die Art der Ausschreibung regelt die oberste Dienstbehörde nach Maßgabe des § 6 des Bundesgleichstellungsgesetzes.

-

§ 9 Auswahlkriterien

Die Auswahl der Bewerberinnen und Bewerber richtet sich nach Eignung, Befähigung und fachlicher Leistung ohne Rücksicht auf Geschlecht, Abstammung, Rasse oder ethnische Herkunft, Behinderung, Religion oder Weltanschauung, politische Anschauungen, Herkunft, Beziehungen oder sexuelle Identität. Dem stehen gesetzliche Maßnahmen zur Durchsetzung der tatsächlichen Gleichstellung im Erwerbsleben, insbesondere Quotenregelungen mit Einzelfallprüfung sowie zur Förderung schwerbehinderter Menschen nicht entgegen.

–

§ 10 Ernennung

(1) Einer Ernennung bedarf es zur

1.

Begründung des Beamtenverhältnisses,

2.

Umwandlung des Beamtenverhältnisses in ein solches anderer Art,

3.

Verleihung eines anderen Amtes mit anderem Endgrundgehalt und anderer Amtsbezeichnung oder

4.

Verleihung eines anderen Amtes mit anderer Amtsbezeichnung beim Wechsel der Laufbahngruppe.

(2) Die Ernennung erfolgt durch Aushändigung einer Ernennungsurkunde. In der Urkunde müssen enthalten sein

1.

bei der Begründung des Beamtenverhältnisses die Wörter „unter Berufung in das Beamtenverhältnis" mit dem die Art des Beamtenverhältnisses bestimmenden Zusatz „auf Lebenszeit", „auf Probe", „auf Widerruf" oder „als Ehrenbeamtin" oder „als Ehrenbeamter" oder „auf Zeit" mit der Angabe der Zeitdauer der Berufung,

2.

bei der Umwandlung des Beamtenverhältnisses in ein solches anderer Art die diese Art bestimmenden Wörter nach Nummer 1 und

3.

bei der Verleihung eines Amtes die Amtsbezeichnung.

(3) Mit der Begründung eines Beamtenverhältnisses auf Probe, auf Lebenszeit und auf Zeit wird gleichzeitig ein Amt verliehen.

–

§ 11 Voraussetzungen der Ernennung auf Lebenszeit

(1) Zur Beamtin auf Lebenszeit oder zum Beamten auf Lebenszeit darf nur ernannt werden, wer

1.

die in § 7 bezeichneten Voraussetzungen erfüllt und

2.

sich in einer Probezeit in vollem Umfang bewährt hat.

Für die Feststellung der Bewährung gilt ein strenger Maßstab. Die Probezeit dauert mindestens drei Jahre. Die Anrechnung einer gleichwertigen Tätigkeit kann bis zu einer Mindestprobezeit von einem Jahr vorgesehen werden. Die Bundesregierung regelt durch Rechtsverordnung die Einzelheiten, insbesondere die Kriterien und das Verfahren der Bewährungsfeststellung, die Anrechnung von Zeiten sowie Ausnahmen von der Probezeit einschließlich der Mindestprobezeit.

(2) Ein Beamtenverhältnis auf Probe ist spätestens nach fünf Jahren in ein solches auf Lebenszeit umzuwandeln, wenn die beamtenrechtlichen Voraussetzungen hierfür erfüllt sind. Die Frist verlängert sich um die Zeit, um die sich die Probezeit wegen Elternzeit oder einer Beurlaubung unter Wegfall der Besoldung verlängert.

–

§ 12 Zuständigkeit und Wirksamwerden der Ernennung

(1) Die Bundespräsidentin oder der Bundespräsident oder eine von ihr oder ihm bestimmte Stelle ernennt die Beamtinnen und Beamten, soweit gesetzlich nichts anderes bestimmt ist.

(2) Die Ernennung wird mit dem Tag der Aushändigung der Ernennungsurkunde wirksam, wenn nicht in der Urkunde

ausdrücklich ein späterer Zeitpunkt bestimmt ist. Eine Ernennung auf einen zurückliegenden Zeitpunkt ist unzulässig und insoweit unwirksam.

(3) Mit der Ernennung erlischt ein privatrechtliches Arbeitsverhältnis zum Dienstherrn.

-

§ 13 Nichtigkeit der Ernennung

(1) Die Ernennung ist nichtig, wenn

1.

    sie nicht der in § 10 Abs. 2 vorgeschriebenen Form entspricht,

2.

    sie von einer sachlich unzuständigen Behörde ausgesprochen wurde oder

3.

    zum Zeitpunkt der Ernennung

    a)

        nach § 7 Abs. 1 Nr. 1 keine Ernennung erfolgen durfte und keine Ausnahme nach § 7 Abs. 3 zugelassen war oder

    b)

        die Fähigkeit zur Wahrnehmung öffentlicher Ämter nicht vorlag.

(2) Die Ernennung ist von Anfang an als wirksam anzusehen, wenn

1.

    im Fall des Absatzes 1 Nummer 1 aus der Urkunde oder aus dem Akteninhalt eindeutig hervorgeht, dass die für die Ernennung zuständige Stelle ein bestimmtes Beamtenverhältnis begründen oder ein bestehendes Beamtenverhältnis in ein solches anderer Art umwandeln wollte, für das die sonstigen Voraussetzungen vorliegen, und die oder der Dienstvorgesetzte dies schriftlich festgestellt hat; das Gleiche gilt, wenn die Angabe der Dauer fehlt, die Dauer aber durch Rechtsvorschrift bestimmt ist,

2.

    im Fall des Absatzes 1 Nr. 2 die sachlich zuständige Behörde die Ernennung bestätigt oder

3.

    im Fall des Absatzes 1 Nr. 3 Buchstabe a eine Ausnahme nach § 7 Abs. 3 nachträglich zugelassen wird.

-

§ 14 Rücknahme der Ernennung

(1) Die Ernennung ist mit Wirkung auch für die Vergangenheit zurückzunehmen, wenn

1.

    sie durch Zwang, arglistige Täuschung oder Bestechung herbeigeführt wurde,

2.

    dem Dienstherrn nicht bekannt war, dass die ernannte Person wegen einer Straftat rechtskräftig verurteilt ist und deswegen für die Berufung in das Beamtenverhältnis als unwürdig erscheint, oder

3.

    die Ernennung nach § 7 Abs. 2 nicht erfolgen durfte und eine Ausnahme nach § 7 Abs. 3 nicht zugelassen war und eine Ausnahme nicht nachträglich zugelassen wird.

(2) Die Ernennung soll zurückgenommen werden, wenn dem Dienstherrn nicht bekannt war, dass gegen die ernannte Person in einem Disziplinarverfahren auf Entfernung aus dem Beamtenverhältnis oder auf Aberkennung des Ruhegehalts erkannt worden war. Dies gilt auch, wenn die Entscheidung gegen eine Beamtin oder einen Beamten der Europäischen Union oder eines Staates nach § 7 Abs. 1 Nr. 1 ergangen ist.

(3) Die oberste Dienstbehörde nimmt die Ernennung innerhalb von sechs Monaten zurück, nachdem sie von ihr und dem Grund der Rücknahme Kenntnis erlangt hat. Der Rücknahmebescheid wird der Beamtin oder dem Beamten zugestellt.

-

§ 15 Rechtsfolgen nichtiger oder zurückgenommener Ernennungen

Ist die erstmalige Ernennung nichtig oder zurückgenommen worden, hat die oder der Dienstvorgesetzte jede weitere Wahrnehmung der Dienstgeschäfte zu verbieten. Bei Nichtigkeit ist das Verbot erst dann auszusprechen, wenn die sachlich zuständige Behörde es abgelehnt hat, die Ernennung zu bestätigen, oder die Ausnahme nach § 7 Abs. 3 nicht nachträglich zugelassen wird. Die bis zu dem Verbot oder bis zur Zustellung der Erklärung der Rücknahme vorgenommenen Amtshandlungen sind in gleicher Weise gültig, wie wenn eine Beamtin oder ein Beamter sie ausgeführt hätte. Die gezahlte Besoldung kann belassen werden.

Abschnitt 3
Laufbahnen

-

§ 16 Laufbahn

(1) Eine Laufbahn umfasst alle Ämter, die verwandte und gleichwertige Vor- und Ausbildungen voraussetzen.
(2) Die Befähigung für die Laufbahn, in die eingestellt, gewechselt oder von einem anderen Dienstherrn versetzt werden soll, ist festzustellen und der Beamtin oder dem Beamten schriftlich mitzuteilen. Gleiches gilt, wenn die Beamtin oder der Beamte infolge der Umbildung einer Körperschaft übernommen wird oder kraft Gesetzes in den Dienst der aufnehmenden Körperschaft übertritt.

-

§ 17 Zulassung zu den Laufbahnen

(1) Für die Zulassung zu den Laufbahnen werden die Bildungsgänge und ihre Abschlüsse den Laufbahnen unter Berücksichtigung der mit der Laufbahn verbundenen Anforderungen zugeordnet.
(2) Für die Zulassung zu den Laufbahnen des einfachen Dienstes sind mindestens zu fordern

1.
    als Bildungsvoraussetzung
    a)
        der erfolgreiche Besuch einer Hauptschule oder
    b)
        ein als gleichwertig anerkannter Bildungsstand und
2.
    als sonstige Voraussetzung
    a)
        ein Vorbereitungsdienst oder
    b)
        eine abgeschlossene Berufsausbildung.
(3) Für die Zulassung zu den Laufbahnen des mittleren Dienstes sind mindestens zu fordern

1.
    als Bildungsvoraussetzung
    a)
        der Abschluss einer Realschule oder
    b)
        der erfolgreiche Besuch einer Hauptschule und eine abgeschlossene Berufsausbildung oder
    c)
        der erfolgreiche Besuch einer Hauptschule und eine Ausbildung in einem öffentlich-rechtlichen Ausbildungsverhältnis oder
    d)
        ein als gleichwertig anerkannter Bildungsstand und
2.
    als sonstige Voraussetzung
    a)
        ein mit einer Laufbahnprüfung abgeschlossener Vorbereitungsdienst oder
    b)
        eine inhaltliche dessen Anforderungen entsprechende abgeschlossene Berufsausbildung oder
    c)
        eine abgeschlossene Berufsausbildung und eine hauptberufliche Tätigkeit.
(4) Für die Zulassung zu den Laufbahnen des gehobenen Dienstes sind mindestens zu fordern

1.

als Bildungsvoraussetzung

a)
  eine zu einem Hochschulstudium berechtigende Schulbildung oder

b)
  ein als gleichwertig anerkannter Bildungsstand und

2.
als sonstige Voraussetzung

a)
  ein mit einer Laufbahnprüfung abgeschlossener Vorbereitungsdienst oder

b)
  ein inhaltlich dessen Anforderungen entsprechendes mit einem Bachelor abgeschlossenes Hochschulstudium oder ein gleichwertiger Abschluss oder

c)
  ein mit einem Bachelor abgeschlossenes Hochschulstudium oder ein gleichwertiger Abschluss und eine hauptberufliche Tätigkeit.

(5) Für die Zulassung zu den Laufbahnen des höheren Dienstes sind mindestens zu fordern

1.
als Bildungsvoraussetzung

a)
  ein mit einem Master abgeschlossenes Hochschulstudium oder

b)
  ein gleichwertiger Abschluss und

2.
als sonstige Voraussetzung

a)
  ein mit einer Laufbahnprüfung abgeschlossener Vorbereitungsdienst oder

b)
  eine inhaltlich dem Vorbereitungsdienst entsprechende Ausbildung und eine inhaltlich der Laufbahnprüfung entsprechende Prüfung oder

c)
  eine hauptberufliche Tätigkeit.

(6) Vor- und Ausbildung, Prüfung sowie sonstige Voraussetzungen müssen geeignet sein, die Befähigung für die Laufbahn zu vermitteln.

(7) Die Bundesregierung kann durch Rechtsverordnung Ausnahmen von den Absätzen 2 bis 5 zulassen.

-

§ 18 Anerkennung der Laufbahnbefähigung aufgrund der Richtlinie 2005/36/EG und aufgrund in Drittstaaten erworbener Berufsqualifikationen

(1) Die Laufbahnbefähigung kann auch aufgrund

1.
  der Richtlinie 2005/36/EG des Europäischen Parlaments und des Rates vom 7. September 2005 über die Anerkennung von Berufsqualifikationen (ABl. L 255 vom 30.9.2005, S. 22, L 271 vom 16.10.2007, S. 18, L 93 vom 4.4.2008, S. 28, L 33 vom 3.2.2009, S. 49), die zuletzt durch die Richtlinie 2013/55/EU (ABl. L 354 vom 28.12.2013, S. 132) geändert worden ist,

2.
  eines mit einem Drittstaat geschlossenen Vertrages, in dem die Bundesrepublik Deutschland und die Europäische Union einen entsprechenden Anspruch auf Anerkennung der Berufsqualifikationen eingeräumt haben, oder

3.
  einer auf eine Tätigkeit in einer öffentlichen Verwaltung vorbereitenden Berufsqualifikation, die in einem von § 7 Absatz 1 Nummer 1 Buchstabe c nicht erfassten Drittstaat erworben worden ist,

anerkannt werden.

(2) Die deutsche Sprache muss in dem für die Wahrnehmung der Aufgaben der Laufbahn erforderlichen Maß beherrscht werden.

(3) Für individuell zurechenbare öffentliche Leistungen in Verfahren zur Anerkennung der Laufbahnbefähigung nach Absatz 1 erhebt die zuständige Behörde zur Deckung des Verwaltungsaufwands Gebühren und Auslagen.

(4) Das Bundesministerium des Innern wird ermächtigt, durch Rechtsverordnung die Voraussetzungen und das Verfahren der Anerkennung sowie die gebührenpflichtigen Tatbestände und die Höhe der Gebühren nach Absatz 3 zu bestimmen.

(5) Das Berufsqualifikationsfeststellungsgesetz findet mit Ausnahme des § 17 keine Anwendung.

-

§ 19 Andere Bewerberinnen und andere Bewerber

Der Bundespersonalausschuss oder ein von ihm bestimmter unabhängiger Ausschuss stellt fest, wer die Befähigung für eine Laufbahn ohne die vorgeschriebene Vorbildung durch Lebens- und Berufserfahrung erworben hat.

-

§ 20 Einstellung

Die Einstellung in ein höheres Amt als das Eingangsamt der Laufbahn ist zulässig bei entsprechenden beruflichen Erfahrungen oder sonstigen Qualifikationen, die zusätzlich zu den Abschlüssen und beruflichen Erfahrungen, die für die Anerkennung der Laufbahnbefähigung erforderlich sind, erworben wurden. Das Nähere regelt die Bundesregierung durch Rechtsverordnung.

-

§ 21 Dienstliche Beurteilung

Eignung, Befähigung und fachliche Leistung der Beamtinnen und Beamten sind regelmäßig zu beurteilen. Ausnahmen von der Beurteilungspflicht kann die Bundesregierung durch Rechtsverordnung regeln.

-

§ 22 Beförderungen

(1) Für Beförderungen gelten die Grundsätze des § 9. Erfolgt die Auswahlentscheidung auf der Grundlage dienstlicher Beurteilungen, darf das Ende des letzten Beurteilungszeitraums zum Zeitpunkt der Auswahlentscheidung höchstens drei Jahre zurückliegen.
(2) Beförderungen, die mit einer höherwertigen Funktion verbunden sind, setzen eine mindestens sechsmonatige Erprobungszeit voraus.
(3) Ämter, die nach der Gestaltung der Laufbahn regelmäßig zu durchlaufen sind, dürfen nicht übersprungen werden.
(4) Eine Beförderung ist unzulässig vor Ablauf eines Jahres

1.
    seit der Einstellung in das Beamtenverhältnis auf Probe oder
2.
    a)
        seit der Einstellung in das Beamtenverhältnis auf Lebenszeit oder
    b)
        seit der letzten Beförderung,
    es sei denn, das bisherige Amt musste nicht regelmäßig durchlaufen werden.
(5) Vor dem Wechsel in ein Amt einer höheren Laufbahngruppe ist eine entsprechende Qualifikation durch eine Prüfung nachzuweisen. Die Voraussetzungen und das Verfahren regelt die Bundesregierung durch Rechtsverordnung.
(6) Der Bundespersonalausschuss kann Ausnahmen von den Absätzen 2 bis 4 zulassen, wenn sie die Bundesregierung nicht durch Rechtsverordnung regelt.

-

§ 23 Beförderungssperre zwischen zwei Mandaten

Legen Beamtinnen oder Beamte, deren Rechte und Pflichten aus dem Beamtenverhältnis ruhen oder die ohne Besoldung beurlaubt sind, ihr Mandat im Europäischen Parlament, im Deutschen Bundestag oder in der gesetzgebenden Körperschaft eines Landes nieder und bewerben sie sich zu diesem Zeitpunkt erneut um ein Mandat, ist die Übertragung eines anderen Amtes mit höherem Endgrundgehalt und die Übertragung eines anderen Amtes beim

Wechsel der Laufbahngruppe nicht zulässig. Satz 1 gilt entsprechend für die Zeit zwischen zwei Wahlperioden.

-

§ 24 Führungsämter auf Probe

(1) Ein Amt mit leitender Funktion wird zunächst im Beamtenverhältnis auf Probe übertragen. Die regelmäßige Probezeit beträgt zwei Jahre. Die oberste Dienstbehörde kann eine Verkürzung zulassen, wenn vor Ablauf der Probezeit eine höherwertige Funktion übertragen wird oder die Funktion als ständige Vertretung der Amtsinhaberin oder des Amtsinhabers mindestens sechs Monate tatsächlich wahrgenommen wurde. Die Mindestprobezeit beträgt ein Jahr. Zeiten, in denen die leitende Funktion oder eine gleichwertige Funktion als Richterin oder Richter oder als Beamtin oder Beamter der Bundesbesoldungsordnungen B, W oder C bereits übertragen war, können angerechnet werden. Eine Verlängerung der Probezeit ist nicht zulässig, es sei denn, wegen Elternzeit konnte die Mindestprobezeit nicht geleistet werden. Bei Beurlaubungen im dienstlichen Interesse kann von der Probezeit abgesehen werden. § 22 Abs. 2 und 4 Nr. 1 ist nicht anzuwenden.

(2) In ein Amt mit leitender Funktion darf berufen werden, wer

1.
      sich in einem Beamtenverhältnis auf Lebenszeit befindet und

2.
      in dieses Amt auch als Beamtin auf Lebenszeit oder Beamter auf Lebenszeit berufen werden könnte.

Mit der Ernennung ruhen für die Dauer der Probezeit die Rechte und Pflichten aus dem zuletzt im Beamtenverhältnis auf Lebenszeit übertragenen Amt mit Ausnahme der Pflicht zur Verschwiegenheit und des Verbotes der Annahme von Belohnungen, Geschenken und sonstigen Vorteilen. Das Beamtenverhältnis auf Lebenszeit besteht fort. Dienstvergehen, die mit Bezug auf das Beamtenverhältnis auf Lebenszeit oder das Beamtenverhältnis auf Probe begangen worden sind, werden so verfolgt, als stünde die Beamtin oder der Beamte nur im Beamtenverhältnis auf Lebenszeit.

(3) Der Bundespersonalausschuss kann Ausnahmen von Absatz 2 Satz 1 zulassen, wenn sie die Bundesregierung nicht durch Rechtsverordnung regelt. Besteht nur ein Beamtenverhältnis auf Probe nach Absatz 1, beträgt die regelmäßige Probezeit drei Jahre und die Mindestprobezeit zwei Jahre. Die für die Beamtinnen auf Probe und Beamten auf Probe geltenden Vorschriften des Bundesdisziplinargesetzes bleiben unberührt.

(4) Mit erfolgreichem Abschluss der Probezeit soll das Amt nach Absatz 1 auf Dauer im Beamtenverhältnis auf Lebenszeit übertragen werden. Eine erneute Berufung in ein Beamtenverhältnis auf Probe zur Übertragung dieses Amtes innerhalb eines Jahres ist nicht zulässig. Wird das Amt nicht auf Dauer übertragen, erlischt der Anspruch auf Besoldung aus diesem Amt. Weiter gehende Ansprüche bestehen nicht.

(5) Ämter im Sinne des Absatzes 1 sind Ämter der Besoldungsgruppen B 6 bis B 9 in obersten Bundesbehörden sowie die der Besoldungsordnung B angehörenden Ämter der Leiterinnen und Leiter der übrigen Bundesbehörden sowie der bundesunmittelbaren Körperschaften, Anstalten und Stiftungen des öffentlichen Rechts, wenn sie keine richterliche Unabhängigkeit besitzen. Ausgenommen sind das Amt der Direktorin und des Direktors beim Bundesverfassungsgericht sowie die den Funktionen der stellvertretenden Direktorin und des stellvertretenden Direktors des Bundesrates zugeordneten Ämter.

(6) Beamtinnen und Beamte führen während ihrer Amtszeit im Dienst nur die Amtsbezeichnung des ihnen nach Absatz 1 übertragenen Amtes. Sie dürfen nur diese auch außerhalb des Dienstes führen. Wird ihnen das Amt nach Absatz 1 nicht auf Dauer übertragen, dürfen sie die Amtsbezeichnung nach Satz 1 nach dem Ausscheiden aus dem Beamtenverhältnis auf Probe nicht weiterführen.

-

§ 25 Benachteiligungsverbote

Schwangerschaft, Mutterschutz und Elternzeit dürfen sich bei der Einstellung und dem beruflichen Fortkommen nicht nachteilig auswirken. Dies gilt auch für Teilzeit, Telearbeit und familienbedingte Beurlaubung, wenn nicht zwingende sachliche Gründe vorliegen.

-

§ 26 Rechtsverordnung über Laufbahnen

(1) Die Bundesregierung wird ermächtigt, durch Rechtsverordnung nach Maßgabe der §§ 16 bis 25

1.
      allgemeine Vorschriften über die Laufbahnen und Vorbereitungsdienste der Beamtinnen und Beamten und

2.

11

besondere Vorschriften für die einzelnen Laufbahnen und Vorbereitungsdienste zu erlassen.

(2) Die Bundesregierung kann die Befugnis nach Absatz 1 Nr. 2 durch Rechtsverordnung obersten Dienstbehörden übertragen.

Abschnitt 4
Abordnung, Versetzung und Zuweisung

-

§ 27 Abordnung

(1) Eine Abordnung ist die vorübergehende Übertragung einer dem Amt der Beamtin oder des Beamten entsprechenden Tätigkeit bei einer anderen Dienststelle desselben oder eines anderen Dienstherrn unter Beibehaltung der Zugehörigkeit zur bisherigen Dienststelle. Die Abordnung kann ganz oder teilweise erfolgen.

(2) Eine Abordnung ist ganz oder teilweise aus dienstlichen Gründen auch zu einer nicht dem bisherigen Amt entsprechenden Tätigkeit möglich, wenn die Wahrnehmung der neuen Tätigkeit aufgrund der Vorbildung oder Berufsausbildung zumutbar ist. Dabei ist auch die Abordnung zu einer Tätigkeit zulässig, die nicht einem Amt mit demselben Endgrundgehalt entspricht.

(3) Die Abordnung bedarf der Zustimmung der Beamtin oder des Beamten, wenn sie

1.
    im Fall des Absatzes 2 länger als zwei Jahre dauert oder

2.
    zu einem anderen Dienstherrn erfolgt.

Die Abordnung zu einem anderen Dienstherrn ist ohne Zustimmung zulässig, wenn die Tätigkeit einem Amt mit demselben Endgrundgehalt auch einer anderen Laufbahn entspricht und nicht länger als fünf Jahre dauert.

(4) Die Abordnung zu einem anderen Dienstherrn wird von dem abgebenden im Einverständnis mit dem aufnehmenden Dienstherrn verfügt. Das Einverständnis ist schriftlich zu erklären.

(5) Werden Beamtinnen und Beamte des Bundes zu einem Land, einer Gemeinde, einem Gemeindeverband oder einer sonstigen nicht der Bundesaufsicht unterstehenden Körperschaft, Anstalt oder Stiftung des öffentlichen Rechts zur vorübergehenden Beschäftigung abgeordnet, sind, soweit zwischen den Dienstherren nichts anderes vereinbart ist, die für den Bereich des aufnehmenden Dienstherrn geltenden Vorschriften über die Pflichten und Rechte der Beamtinnen und Beamten entsprechend anzuwenden mit Ausnahme der Regelungen über Diensteid, Amtsbezeichnung, Zahlung von Bezügen, Krankenfürsorgeleistungen und Versorgung.

(6) Die Verpflichtung zur Zahlung der Besoldung hat auch der Dienstherr, zu dem die Abordnung erfolgt ist.

-

§ 28 Versetzung

(1) Eine Versetzung ist die auf Dauer angelegte Übertragung eines anderen Amtes bei einer anderen Dienststelle bei demselben oder einem anderen Dienstherrn.

(2) Eine Versetzung ist auf Antrag der Beamtin oder des Beamten oder aus dienstlichen Gründen ohne ihre oder seine Zustimmung zulässig, wenn das Amt mit mindestens demselben Endgrundgehalt verbunden ist wie das bisherige Amt, und die Tätigkeit aufgrund der Vorbildung oder Berufsausbildung zumutbar ist.

(3) Bei der Auflösung oder einer wesentlichen Änderung des Aufbaus oder der Aufgaben einer Behörde oder der Verschmelzung von Behörden können Beamtinnen und Beamte, deren Aufgabengebiet davon berührt wird, ohne ihre Zustimmung in ein anderes Amt derselben oder einer anderen Laufbahn mit geringerem Endgrundgehalt im Bereich desselben Dienstherrn versetzt werden, wenn eine dem bisherigen Amt entsprechende Verwendung nicht möglich ist. Das Endgrundgehalt muss mindestens dem des Amtes entsprechen, das die Beamtin oder der Beamte vor dem bisherigen Amt wahrgenommen hat. Beamtinnen und Beamte sind verpflichtet, an Qualifizierungsmaßnahmen zum Erwerb der Befähigung für eine andere Laufbahn teilzunehmen.

(4) Im Übrigen bedarf die Versetzung der Zustimmung der Beamtin oder des Beamten.

(5) Die Versetzung zu einem anderen Dienstherrn wird von dem abgebenden im Einverständnis mit dem aufnehmenden Dienstherrn verfügt. Das Einverständnis ist schriftlich zu erklären.

-

§ 29 Zuweisung

(1) Beamtinnen und Beamten kann mit ihrer Zustimmung vorübergehend ganz oder teilweise eine ihrem Amt entsprechende Tätigkeit

1.
   bei einer öffentlichen Einrichtung ohne Dienstherrnfähigkeit im dienstlichen oder öffentlichen Interesse oder

2.
   bei einer anderen Einrichtung, wenn ein öffentliches Interesse es erfordert,

zugewiesen werden. Die Entscheidung trifft die oberste Dienstbehörde oder eine von ihr bestimmte Stelle.

(2) Beamtinnen und Beamten einer Dienststelle, die ganz oder teilweise in eine öffentlich-rechtlich organisierte Einrichtung ohne Dienstherrnfähigkeit oder eine privatrechtlich organisierte Einrichtung der öffentlichen Hand umgewandelt wird, kann auch ohne ihre Zustimmung eine ihrem Amt entsprechende Tätigkeit bei dieser Einrichtung zugewiesen werden, wenn öffentliche Interessen es erfordern.

(3) Die Rechtsstellung der Beamtinnen und Beamten bleibt unberührt.

Abschnitt 5
Beendigung des Beamtenverhältnisses

Unterabschnitt 1
Entlassung

-

§ 30 Beendigungsgründe

Das Beamtenverhältnis endet durch

1.
   Entlassung,

2.
   Verlust der Beamtenrechte,

3.
   Entfernung aus dem Beamtenverhältnis nach dem Bundesdisziplinargesetz oder

4.
   Eintritt oder Versetzung in den Ruhestand.

-

§ 31 Entlassung kraft Gesetzes

(1) Beamtinnen und Beamte sind entlassen, wenn

1.
   die Voraussetzungen des § 7 Abs. 1 Nr. 1 nicht mehr vorliegen und eine Ausnahme nach § 7 Abs. 3 auch nachträglich nicht zugelassen wird oder

2.
   sie in ein öffentlich-rechtliches Dienst- oder Amtsverhältnis zu einem anderen Dienstherrn oder zu einer Einrichtung ohne Dienstherrnfähigkeit nach deutschem Recht treten oder zur Berufssoldatin, zum Berufssoldaten, zur Soldatin auf Zeit oder zum Soldaten auf Zeit ernannt werden, sofern gesetzlich nichts anderes bestimmt ist.

Satz 1 Nummer 2 gilt nicht, wenn

1.
   die Beamtin oder der Beamte in ein Beamtenverhältnis auf Widerruf oder in ein Ehrenbeamtenverhältnis eintritt oder

2.

13

die oberste Dienstbehörde nach ihrem Ermessen die Fortdauer des Beamtenverhältnisses angeordnet hat, bevor die Beamtin oder der Beamte in das Dienst- oder Amtsverhältnis zu dem anderen Dienstherrn oder der Einrichtung eingetreten ist; bei Dienstherren im Sinne des Beamtenstatusgesetzes kann die Fortdauer nur mit deren Einvernehmen angeordnet werden.

(2) Die oberste Dienstbehörde entscheidet darüber, ob die Voraussetzungen des Absatzes 1 Satz 1 vorliegen, und stellt den Tag der Beendigung des Beamtenverhältnisses fest.

–

§ 32 Entlassung aus zwingenden Gründen

(1) Beamtinnen und Beamte sind zu entlassen, wenn sie

1.
   den Diensteid oder ein an dessen Stelle vorgeschriebenes Gelöbnis verweigern,

2.
   nicht in den Ruhestand oder einstweiligen Ruhestand versetzt werden können, weil eine versorgungsrechtliche Wartezeit nicht erfüllt ist, oder

3.
   zur Zeit der Ernennung Inhaberin oder Inhaber eines Amtes, das kraft Gesetzes mit dem Mandat unvereinbar ist, Mitglied des Deutschen Bundestages oder des Europäischen Parlaments waren und nicht innerhalb der von der obersten Dienstbehörde gesetzten angemessenen Frist ihr Mandat niederlegen.

(2) Beamtinnen und Beamte können entlassen werden, wenn sie in den Fällen des § 7 Abs. 2 die Eigenschaft als Deutsche oder Deutscher im Sinne des Artikels 116 Absatz 1 des Grundgesetzes verlieren.

–

§ 33 Entlassung auf Verlangen

(1) Beamtinnen und Beamte sind zu entlassen, wenn sie gegenüber der zuständigen Behörde schriftlich ihre Entlassung verlangen. Die Erklärung kann, solange die Entlassungsverfügung noch nicht zugegangen ist, innerhalb von zwei Wochen nach Zugang bei der zuständigen Behörde zurückgenommen werden, mit Zustimmung der zuständigen Behörde auch nach Ablauf dieser Frist.

(2) Die Entlassung kann jederzeit verlangt werden. Sie ist für den beantragten Zeitpunkt auszusprechen. Sie kann jedoch so lange hinausgeschoben werden, bis die Beamtin oder der Beamte die ihr oder ihm übertragenen Aufgaben ordnungsgemäß erledigt hat, längstens drei Monate.

–

§ 34 Entlassung von Beamtinnen auf Probe und Beamten auf Probe

(1) Beamtinnen auf Probe und Beamte auf Probe im Sinne des § 6 Abs. 3 Satz 1 können außerdem entlassen werden, wenn einer der folgenden Entlassungsgründe vorliegt:

1.
   ein Verhalten, das im Beamtenverhältnis auf Lebenszeit mindestens eine Kürzung der Dienstbezüge zur Folge hätte,

2.
   fehlende Bewährung im Sinne des § 11 Abs. 1 Satz 1 Nr. 2,

3.
   Dienstunfähigkeit, ohne dass eine Versetzung in den Ruhestand erfolgt ist, oder

4.
   Auflösung oder wesentliche Änderung des Aufbaus oder der Aufgaben der Beschäftigungsbehörde oder deren Verschmelzung mit einer anderen Behörde, wenn das übertragene Aufgabengebiet davon berührt wird und eine anderweitige Verwendung nicht möglich ist.

Im Fall des Satzes 1 Nr. 2 ist bei allein mangelnder gesundheitlicher Eignung und im Fall der Nummer 3 eine anderweitige Verwendung entsprechend zu prüfen.

(2) Die Frist für die Entlassung beträgt bei einer Beschäftigungszeit

1.
   bis zum Ablauf von drei Monaten zwei Wochen zum Monatsschluss und

2.

von mehr als drei Monaten sechs Wochen zum Schluss eines Kalendervierteljahres.
Als Beschäftigungszeit gilt die Zeit ununterbrochener Tätigkeit im Beamtenverhältnis auf Probe im Bereich derselben obersten Dienstbehörde.
(3) Im Fall des Absatzes 1 Nr. 1 ist eine Entlassung ohne Einhaltung einer Frist möglich. Die §§ 21 bis 29 des Bundesdisziplinargesetzes sind entsprechend anzuwenden.
(4) Beamtinnen auf Probe und Beamte auf Probe sind mit dem Ende des Monats entlassen, in dem sie die im Beamtenverhältnis auf Lebenszeit geltende Altersgrenze erreichen.

-

§ 35 Entlassung von Beamtinnen und Beamten in Führungsämtern auf Probe

Beamtinnen und Beamte in Ämtern mit leitender Funktion sind

1.
    mit Ablauf der Probezeit nach § 24 Abs. 1,
2.
    mit Beendigung des Beamtenverhältnisses auf Lebenszeit,
3.
    mit Versetzung zu einem anderen Dienstherrn,
4.
    mit Festsetzung mindestens einer Kürzung der Dienstbezüge als Disziplinarmaßnahme oder
5.
    in den Fällen, in denen nur ein Beamtenverhältnis auf Probe besteht, mit Ende des Monats, in dem sie die im Beamtenverhältnis auf Lebenszeit geltende Altersgrenze erreichen,
aus dem Beamtenverhältnis auf Probe nach § 24 Abs. 1 entlassen. Die §§ 31 bis 33 bleiben unberührt. § 34 Abs. 1 gilt entsprechend.

-

§ 36 Entlassung von politischen Beamtinnen auf Probe und politischen Beamten auf Probe

Politische Beamtinnen und politische Beamte, die sich in einem Beamtenverhältnis auf Probe befinden, können jederzeit aus diesem entlassen werden.

-

§ 37 Entlassung von Beamtinnen auf Widerruf und Beamten auf Widerruf

(1) Beamtinnen auf Widerruf und Beamte auf Widerruf können jederzeit entlassen werden. Die Entlassung ist ohne Einhaltung einer Frist möglich. § 34 Abs. 4 gilt entsprechend.
(2) Beamtinnen auf Widerruf und Beamte auf Widerruf im Vorbereitungsdienst soll Gelegenheit gegeben werden, den Vorbereitungsdienst abzuleisten und die Prüfung abzulegen. Sie sind mit Ablauf des Tages aus dem Beamtenverhältnis entlassen, an dem ihnen

1.
    das Bestehen oder endgültige Nichtbestehen der Prüfung oder
2.
    das endgültige Nichtbestehen einer vorgeschriebenen Zwischenprüfung
bekannt gegeben wird.

-

§ 38 Verfahren der Entlassung

Soweit gesetzlich nichts anderes bestimmt ist, wird die Entlassung von der Stelle schriftlich verfügt, die für die Ernennung zuständig wäre. Die Entlassung wird im Fall des § 32 Abs. 1 Nr. 1 mit der Zustellung, im Übrigen mit dem Ablauf des Monats wirksam, der auf den Monat folgt, in dem der Beamtin oder dem Beamten die Entlassungsverfügung zugestellt wird.

-

§ 39 Folgen der Entlassung

Nach der Entlassung besteht kein Anspruch auf Besoldung und Versorgung, soweit gesetzlich nichts anderes bestimmt ist. Die oberste Dienstbehörde kann die Erlaubnis erteilen, die Amtsbezeichnung mit dem Zusatz „außer Dienst" oder „a. D." sowie die im Zusammenhang mit dem Amt verliehenen Titel zu führen. Die Erlaubnis kann zurückgenommen werden, wenn die frühere Beamtin oder der frühere Beamte sich ihrer als nicht würdig erweist. Die oberste Dienstbehörde kann die Befugnis nach den Sätzen 2 und 3 auf nachgeordnete Behörden übertragen.

-

§ 40 Ausscheiden bei Wahlen oder Übernahme politischer Ämter

(1) Beamtinnen und Beamte müssen aus ihrem Amt ausscheiden, wenn sie die Wahl zum Europäischen Parlament oder zum Deutschen Bundestag annehmen. Das Nähere bestimmt ein Gesetz. Für Beamtinnen und Beamte, die in die gesetzgebende Körperschaft eines Landes gewählt worden sind und deren Amt kraft Gesetzes mit dem Mandat unvereinbar ist, gelten die für in den Deutschen Bundestag gewählte Beamtinnen und Beamte maßgebenden Vorschriften der §§ 5 bis 7, 8 Abs. 2, der §§ 9, 23 Abs. 5 und des § 36 Abs. 1 des Abgeordnetengesetzes entsprechend.
(2) Werden Beamtinnen oder Beamte zum Mitglied der Regierung eines Landes ernannt, gilt § 18 Abs. 1 und 2 des Bundesministergesetzes entsprechend. Dies gilt auch für den Eintritt in ein Amtsverhältnis, das dem Parlamentarischer Staatssekretärinnen oder Parlamentarischer Staatssekretäre im Sinne des Gesetzes über die Rechtsverhältnisse der Parlamentarischen Staatssekretäre entspricht.
(3) Bei Eintritt in ein kommunales Wahlbeamtenverhältnis auf Zeit ist § 31 Satz 1 Nr. 2 nicht anzuwenden. Die Rechte und Pflichten aus dem zuletzt im Beamtenverhältnis wahrgenommenen Amt ruhen für die Dauer des Wahlbeamtenverhältnisses mit Ausnahme der Pflicht zur Verschwiegenheit und des Verbotes der Annahme von Belohnungen, Geschenken und sonstigen Vorteilen. Beamtinnen und Beamte kehren nach Beendigung ihrer Amtszeit unter Übertragung ihres letzten Amtes in ihr Dienstverhältnis zurück, sofern sie zu diesem Zeitpunkt noch nicht die für sie geltende Altersgrenze erreicht haben. Die Beamtinnen und Beamten erhalten nach Beendigung des Wahlbeamtenverhältnisses die Besoldung aus dem zuletzt im Beamtenverhältnis des Bundes wahrgenommenen Amt. Wird die Rückkehr nach Beendigung des Wahlbeamtenverhältnisses abgelehnt oder ihr nicht gefolgt, sind sie zu entlassen. Die Entlassung wird von der Stelle schriftlich verfügt, die für die Ernennung zuständig wäre. Die Entlassung tritt mit dem Ablauf des Monats ein, der auf den Monat folgt, in dem die Entlassungsverfügung zugestellt wird.

-

§ 41 Verlust der Beamtenrechte

(1) Werden Beamtinnen oder Beamte im ordentlichen Strafverfahren durch das Urteil eines deutschen Gerichts

1.
     wegen einer vorsätzlichen Tat zu einer Freiheitsstrafe von mindestens einem Jahr oder

2.
     wegen einer vorsätzlichen Tat, die nach den Vorschriften über Friedensverrat, Hochverrat, Gefährdung des demokratischen Rechtsstaates oder Landesverrat und Gefährdung der äußeren Sicherheit oder, soweit sich die Tat auf eine Diensthandlung im Hauptamt bezieht, Bestechlichkeit strafbar ist, zu einer Freiheitsstrafe von mindestens sechs Monaten

verurteilt, endet das Beamtenverhältnis mit der Rechtskraft des Urteils. Entsprechendes gilt, wenn die Fähigkeit zur Wahrnehmung öffentlicher Ämter aberkannt wird oder wenn Beamtinnen oder Beamte aufgrund einer Entscheidung des Bundesverfassungsgerichts nach Artikel 18 des Grundgesetzes ein Grundrecht verwirkt haben.
(2) Nach Beendigung des Beamtenverhältnisses nach Absatz 1 besteht kein Anspruch auf Besoldung und Versorgung, soweit gesetzlich nichts anderes bestimmt ist. Die Amtsbezeichnung und die im Zusammenhang mit dem Amt verliehenen Titel dürfen nicht weiter geführt werden.

-

§ 42 Wirkung eines Wiederaufnahmeverfahrens

(1) Wird eine Entscheidung, die den Verlust der Beamtenrechte bewirkt hat, im Wiederaufnahmeverfahren durch eine Entscheidung ersetzt, die diese Wirkung nicht hat, gilt das Beamtenverhältnis als nicht unterbrochen. Beamtinnen und Beamte haben, sofern sie die Altersgrenze noch nicht erreicht haben und dienstfähig sind, Anspruch auf Übertragung eines Amtes derselben oder einer mindestens gleichwertigen Laufbahn wie ihr bisheriges Amt und mit mindestens demselben Endgrundgehalt. Bis zur Übertragung des neuen Amtes erhalten sie die Besoldung, die ihnen aus ihrem bisherigen Amt zugestanden hätte.
(2) Ist aufgrund des im Wiederaufnahmeverfahren festgestellten Sachverhalts oder aufgrund eines rechtskräftigen Strafurteils, das nach der früheren Entscheidung ergangen ist, ein Disziplinarverfahren mit dem Ziel der Entfernung aus dem Beamtenverhältnis eingeleitet worden, verliert die Beamtin oder der Beamte die ihr oder ihm nach Absatz 1 zustehenden Ansprüche, wenn auf Entfernung aus dem Beamtenverhältnis erkannt wird. Bis zur Rechtskraft der Entscheidung können die Ansprüche nicht geltend gemacht werden.
(3) Absatz 2 gilt entsprechend in Fällen der Entlassung von Beamtinnen auf Probe und Beamten auf Probe oder von Beamtinnen auf Widerruf und Beamten auf Widerruf wegen eines Verhaltens im Sinne des § 34 Abs. 1 Nr. 1.
(4) Auf die Besoldung nach Absatz 1 Satz 3 wird ein anderes Arbeitseinkommen oder ein Unterhaltsbeitrag angerechnet. Die Beamtinnen und Beamten sind hierüber zur Auskunft verpflichtet.

-

§ 43 Gnadenrecht

Der Bundespräsidentin oder dem Bundespräsidenten oder der von ihr oder ihm bestimmten Stelle steht hinsichtlich des Verlustes der Beamtenrechte das Gnadenrecht zu. Wird im Gnadenweg der Verlust der Beamtenrechte in vollem Umfang beseitigt, gilt ab diesem Zeitpunkt § 42 entsprechend.

Unterabschnitt 2
Dienstunfähigkeit

-

§ 44 Dienstunfähigkeit

(1) Die Beamtin auf Lebenszeit oder der Beamte auf Lebenszeit ist in den Ruhestand zu versetzen, wenn sie oder er wegen des körperlichen Zustandes oder aus gesundheitlichen Gründen zur Erfüllung der Dienstpflichten dauernd unfähig (dienstunfähig) ist. Als dienstunfähig kann auch angesehen werden, wer infolge Erkrankung innerhalb von sechs Monaten mehr als drei Monate keinen Dienst getan hat, wenn keine Aussicht besteht, dass innerhalb weiterer sechs Monate die Dienstfähigkeit wieder voll hergestellt ist. In den Ruhestand wird nicht versetzt, wer anderweitig verwendbar ist.
(2) Eine anderweitige Verwendung ist möglich, wenn ein anderes Amt, auch einer anderen Laufbahn, übertragen werden kann. Die Übertragung eines anderen Amtes ohne Zustimmung ist zulässig, wenn das neue Amt zum Bereich desselben Dienstherrn gehört, es mit mindestens demselben Endgrundgehalt verbunden ist wie das bisherige Amt und zu erwarten ist, dass die Beamtin oder der Beamte den gesundheitlichen Anforderungen des neuen Amtes genügt.
(3) Zur Vermeidung der Versetzung in den Ruhestand kann einer Beamtin oder einem Beamten unter Beibehaltung des übertragenen Amtes ohne Zustimmung auch eine geringerwertige Tätigkeit übertragen werden, wenn eine anderweitige Verwendung nicht möglich und die Wahrnehmung der neuen Aufgabe unter Berücksichtigung der bisherigen Tätigkeit zumutbar ist.
(4) Zur Vermeidung einer Versetzung in den Ruhestand kann die Beamtin oder der Beamte nach dem Erwerb der Befähigung für eine neue Laufbahn auch ohne Zustimmung in ein Amt dieser Laufbahn mit geringerem Endgrundgehalt versetzt werden, wenn eine dem bisherigen Amt entsprechende Verwendung nicht möglich und die Wahrnehmung der neuen Aufgabe unter Berücksichtigung der bisherigen Tätigkeit zumutbar ist. Das neue Amt muss derselben Laufbahngruppe zugeordnet sein wie das derzeitige Amt. Für die Übertragung bedarf es keiner Ernennung.
(5) Die Beamtin oder der Beamte, die oder der nicht die Befähigung für eine andere Laufbahn besitzt, ist verpflichtet, an Qualifizierungsmaßnahmen für den Erwerb der neuen Befähigung teilzunehmen.
(6) Bestehen Zweifel über die Dienstunfähigkeit, besteht die Verpflichtung, sich nach Weisung der Behörde ärztlich untersuchen und, falls dies aus amtsärztlicher Sicht für erforderlich gehalten wird, auch beobachten zu lassen.
(7) Gesetzliche Vorschriften, die für einzelne Gruppen von Beamtinnen und Beamten andere Voraussetzungen für die Beurteilung der Dienstunfähigkeit bestimmen, bleiben unberührt.

-

17

§ 45 Begrenzte Dienstfähigkeit

(1) Von der Versetzung in den Ruhestand wegen Dienstunfähigkeit ist abzusehen, wenn die Beamtin oder der Beamte unter Beibehaltung des übertragenen Amtes die Dienstpflichten noch während mindestens der Hälfte der regelmäßigen Arbeitszeit erfüllen kann (begrenzte Dienstfähigkeit). Von der begrenzten Dienstfähigkeit soll abgesehen werden, wenn der Beamtin oder dem Beamten nach § 44 Abs. 2 oder 3 ein anderes Amt oder eine geringerwertige Tätigkeit übertragen werden kann.
(2) Die Arbeitszeit ist entsprechend der begrenzten Dienstfähigkeit zu verkürzen. Mit Zustimmung der Beamtin oder des Beamten ist auch eine Verwendung in einer nicht dem Amt entsprechenden Tätigkeit möglich.
(3) Die für die Ernennung zuständige Behörde entscheidet über die Feststellung der begrenzten Dienstfähigkeit. Für das Verfahren gelten die Vorschriften über die Dienstunfähigkeit entsprechend.

‐

§ 46 Wiederherstellung der Dienstfähigkeit

(1) Beamtinnen und Beamte, die wegen Dienstunfähigkeit in den Ruhestand versetzt wurden, sind verpflichtet, einer erneuten Berufung in das Beamtenverhältnis Folge zu leisten, wenn ihnen im Dienstbereich ihres früheren Dienstherrn ein Amt ihrer früheren oder einer anderen Laufbahn mit mindestens demselben Endgrundgehalt übertragen werden soll und zu erwarten ist, dass sie den gesundheitlichen Anforderungen des neuen Amtes genügen. Der Dienstherr ist verpflichtet, in regelmäßigen Abständen das Vorliegen der Voraussetzungen für die Dienstfähigkeit zu überprüfen, es sei denn, nach den Umständen des Einzelfalls kommt eine erneute Berufung in das Beamtenverhältnis nicht in Betracht.
(2) Beamtinnen und Beamte, die wegen Dienstunfähigkeit in den Ruhestand versetzt wurden, kann ferner unter Übertragung eines Amtes ihrer früheren Laufbahn nach Absatz 1 auch eine geringerwertige Tätigkeit übertragen werden, wenn eine anderweitige Verwendung nicht möglich ist und ihnen die Wahrnehmung der neuen Aufgabe unter Berücksichtigung ihrer früheren Tätigkeit zumutbar ist.
(3) Beamtinnen und Beamte, die nicht die Befähigung für die andere Laufbahn besitzen, haben an Qualifizierungsmaßnahmen für den Erwerb der neuen Befähigung teilzunehmen.
(4) Beamtinnen und Beamte sind verpflichtet, zur Wiederherstellung ihrer Dienstfähigkeit an geeigneten und zumutbaren gesundheitlichen und beruflichen Rehabilitationsmaßnahmen teilzunehmen. Diese Verpflichtung gilt auch zur Vermeidung einer drohenden Dienstunfähigkeit. Vor der Versetzung in den Ruhestand sind sie auf diese Pflicht hinzuweisen, es sei denn, nach den Umständen des Einzelfalls kommt eine erneute Berufung in das Beamtenverhältnis nicht in Betracht. Der Dienstherr hat, sofern keine anderen Ansprüche bestehen, die Kosten für die erforderlichen gesundheitlichen und beruflichen Rehabilitationsmaßnahmen zu tragen.
(5) Beantragen Beamtinnen und Beamte nach Wiederherstellung ihrer Dienstfähigkeit die erneute Berufung in das Beamtenverhältnis, ist diesem Antrag zu entsprechen, falls nicht zwingende dienstliche Gründe entgegenstehen.
(6) Die erneute Berufung in ein Beamtenverhältnis ist auch in den Fällen der begrenzten Dienstfähigkeit möglich.
(7) Zur Prüfung ihrer Dienstfähigkeit sind Beamtinnen und Beamte verpflichtet, sich nach Weisung der Behörde ärztlich untersuchen zu lassen. Sie können eine solche Untersuchung verlangen, wenn sie einen Antrag auf erneute Berufung in das Beamtenverhältnis stellen.
(8) Bei einer erneuten Berufung gilt das frühere Beamtenverhältnis als fortgesetzt.

‐

§ 47 Verfahren bei Dienstunfähigkeit

(1) Hält die oder der Dienstvorgesetzte die Beamtin oder den Beamten aufgrund eines ärztlichen Gutachtens über den Gesundheitszustand für dienstunfähig und ist eine anderweitige Verwendung nicht möglich oder liegen die Voraussetzungen für die begrenzte Dienstfähigkeit nicht vor, teilt sie oder er der Beamtin oder dem Beamten mit, dass die Versetzung in den Ruhestand beabsichtigt ist. Dabei sind die Gründe für die Versetzung in den Ruhestand anzugeben.
(2) Die Beamtin oder der Beamte kann innerhalb eines Monats Einwendungen erheben. Danach entscheidet die für die Ernennung zuständige Behörde über die Versetzung in den Ruhestand mit Zustimmung der obersten Dienstbehörde oder der von ihr bestimmten Stelle, soweit gesetzlich nichts anderes bestimmt ist. Die oberste Dienstbehörde kann bestimmen, dass ihre Zustimmung nicht erforderlich ist.
(3) Die Versetzungsverfügung ist der Beamtin oder dem Beamten schriftlich zuzustellen. Sie kann bis zum Beginn des Ruhestands zurückgenommen werden.
(4) Der Ruhestand beginnt mit dem Ende des Monats, in dem die Versetzung in den Ruhestand der Beamtin oder dem Beamten bekannt gegeben worden ist. Zu diesem Zeitpunkt wird die Besoldung einbehalten, die das Ruhegehalt übersteigt.

‐

§ 48 Ärztliche Untersuchung

(1) In den Fällen der §§ 44 bis 47 kann die zuständige Behörde die ärztliche Untersuchung nur einer Amtsärztin oder einem Amtsarzt übertragen oder einer Ärztin oder einem Arzt, die oder der als Gutachterin oder Gutachter zugelassen ist. Die oberste Dienstbehörde bestimmt, welche Ärztin oder welcher Arzt mit der Fertigung von Gutachten beauftragt werden kann. Sie kann diese Befugnis auf nachgeordnete Behörden übertragen.

(2) Die Ärztin oder der Arzt teilt der Behörde auf Anforderung im Einzelfall die tragenden Gründe des Gutachtens mit, soweit deren Kenntnis für die Behörde unter Beachtung des Grundsatzes der Verhältnismäßigkeit für die von ihr zu treffende Entscheidung erforderlich ist. Diese Mitteilung ist in einem gesonderten und versiegelten Umschlag zu übersenden und versiegelt zur Personalakte zu nehmen. Sie darf nur für die Entscheidung der in Absatz 1 genannten Fälle verwendet werden.

(3) Zu Beginn der Untersuchung ist die Beamtin oder der Beamte auf deren Zweck und die Mitteilungspflicht nach Absatz 2 hinzuweisen. Die Ärztin oder der Arzt übermittelt der Beamtin oder dem Beamten oder, soweit dem ärztliche Gründe entgegenstehen, einer oder einem Bevollmächtigten ein Doppel der Mitteilung nach Absatz 2.

-

§ 49 Ruhestand beim Beamtenverhältnis auf Probe wegen Dienstunfähigkeit

(1) Beamtinnen auf Probe und Beamte auf Probe sind in den Ruhestand zu versetzen, wenn sie infolge Krankheit, Verwundung oder sonstiger Beschädigung, die sie sich ohne grobes Verschulden bei Ausübung oder aus Veranlassung des Dienstes zugezogen haben, dienstunfähig geworden sind.

(2) Beamtinnen auf Probe und Beamte auf Probe können in den Ruhestand versetzt werden, wenn sie aus anderen Gründen dienstunfähig geworden sind. Die Entscheidung trifft die oberste Dienstbehörde. Die Befugnis kann auf andere Behörden übertragen werden.

(3) Die §§ 44 bis 48 mit Ausnahme des § 44 Abs. 4 sind entsprechend anzuwenden.

Unterabschnitt 3
Ruhestand

-

§ 50 Wartezeit

Der Eintritt in den Ruhestand setzt eine versorgungsrechtliche Wartezeit voraus, soweit gesetzlich nichts anderes bestimmt ist.

-

§ 51 Ruhestand wegen Erreichens der Altersgrenze

(1) Beamtinnen auf Lebenszeit und Beamte auf Lebenszeit treten mit dem Ende des Monats in den Ruhestand, in dem sie die für sie jeweils geltende Altersgrenze erreichen. Die Altersgrenze wird in der Regel mit Vollendung des 67. Lebensjahres erreicht (Regelaltersgrenze), soweit nicht gesetzlich eine andere Altersgrenze (besondere Altersgrenze) bestimmt ist.

(2) Beamtinnen auf Lebenszeit und Beamte auf Lebenszeit, die vor dem 1. Januar 1947 geboren sind, erreichen die Regelaltersgrenze mit Vollendung des 65. Lebensjahres. Für Beamtinnen auf Lebenszeit und Beamte auf Lebenszeit, die nach dem 31. Dezember 1946 geboren sind, wird die Regelaltersgrenze wie folgt angehoben:

Geburtsjahr	Anhebung um Monate	Altersgrenze Jahr	Altersgrenze Monat
1947	1	65	1
1948	2	65	2

19

Geburtsjahr	Anhebung um	Altersgrenze	
		Jahr	Monat
1949	3	65	3
1950	4	65	4
1951	5	65	5
1952	6	65	6
1953	7	65	7
1954	8	65	8
1955	9	65	9
1956	10	65	10
1957	11	65	11
1958	12	66	0
1959	14	66	2
1960	16	66	4
1961	18	66	6
1962	20	66	8
1963	22	66	10

(3) Beamtinnen auf Lebenszeit und Beamte auf Lebenszeit im Feuerwehrdienst der Bundeswehr treten mit dem Ende des Monats in den Ruhestand, in dem sie das 62. Lebensjahr vollenden. Dies gilt auch für Beamtinnen auf Lebenszeit und Beamte auf Lebenszeit in den Laufbahnen des feuerwehrtechnischen Dienstes, die 22 Jahre im Feuerwehrdienst beschäftigt waren. Beamtinnen und Beamte im Sinne der Sätze 1 und 2 treten mit dem Ende des Monats in den Ruhestand, in dem sie das 60. Lebensjahr vollenden, wenn sie vor dem 1. Januar 1952 geboren sind. Für Beamtinnen und Beamte im Sinne der Sätze 1 und 2, die nach dem 31. Dezember 1951 geboren sind, wird die Altersgrenze wie folgt angehoben:

Geburtsjahr Geburtsmonat	Anhebung um Monate	Altersgrenze	
		Jahr	Monat
1952			
Januar	1	60	1
Februar	2	60	2
März	3	60	3
April	4	60	4
Mai	5	60	5
Juni-Dezember	6	60	6
1953	7	60	7
1954	8	60	8
1955	9	60	9
1956	10	60	10
1957	11	60	11
1958	12	61	0
1959	14	61	2

Geburtsjahr Geburtsmonat	Anhebung um	Altersgrenze Jahr	Monat
1960	16	61	4
1961	18	61	6
1962	20	61	8
1963	22	61	10

(4) Wer die Regelaltersgrenze oder eine gesetzlich bestimmte besondere Altersgrenze erreicht hat, darf nicht zur Beamtin oder zum Beamten ernannt werden. Wer trotzdem ernannt worden ist, ist zu entlassen.

–

§ 52 Ruhestand auf Antrag

(1) Beamtinnen auf Lebenszeit und Beamte auf Lebenszeit können auf ihren Antrag in den Ruhestand versetzt werden, wenn

1.
    sie das 62. Lebensjahr vollendet haben und

2.
    schwerbehindert im Sinne des § 2 Abs. 2 des Neunten Buches Sozialgesetzbuch sind.

(2) Beamtinnen auf Lebenszeit und Beamte auf Lebenszeit, die schwerbehindert im Sinne des § 2 Abs. 2 des Neunten Buches Sozialgesetzbuch sind und vor dem 1. Januar 1952 geboren sind, können auf ihren Antrag in den Ruhestand versetzt werden, wenn sie das 60. Lebensjahr vollendet haben. Für Beamtinnen auf Lebenszeit und Beamte auf Lebenszeit, die schwerbehindert im Sinne des § 2 Abs. 2 des Neunten Buches Sozialgesetzbuch sind und nach dem 31. Dezember 1951 geboren sind, wird die Altersgrenze wie folgt angehoben:

Geburtsjahr Geburtsmonat	Anhebung um Monate	Altersgrenze Jahr	Monat
1952			
Januar	1	60	1
Februar	2	60	2
März	3	60	3
April	4	60	4
Mai	5	60	5
Juni-Dezember	6	60	6
1953	7	60	7
1954	8	60	8
1955	9	60	9
1956	10	60	10
1957	11	60	11
1958	12	61	0
1959	14	61	2
1960	16	61	4
1961	18	61	6
1962	20	61	8

Geburtsjahr Geburtsmonat	Anhebung um	Altersgrenze Jahr	Monat
1963	22	61	10

(3) Beamtinnen auf Lebenszeit und Beamte auf Lebenszeit können auf ihren Antrag in den Ruhestand versetzt werden, wenn sie das 63. Lebensjahr vollendet haben.

–

§ 53 Hinausschieben des Eintritts in den Ruhestand

(1) Auf Antrag der Beamtin oder des Beamten kann der Eintritt in den Ruhestand bis zu drei Jahre hinausgeschoben werden, wenn

1.
   dies im dienstlichen Interesse liegt und

2.
   die Arbeitszeit mindestens die Hälfte der regelmäßigen wöchentlichen Arbeitszeit beträgt.

Der Antrag ist spätestens sechs Monate vor dem Eintritt in den Ruhestand zu stellen. Unter den gleichen Voraussetzungen kann der Eintritt in den Ruhestand bei einer besonderen Altersgrenze um bis zu drei Jahre hinausgeschoben werden.

(1a) Dem Antrag nach Absatz 1 ist zu entsprechen, wenn

1.
   die Beamtin oder der Beamte vor oder nach Eintritt in das Dienstverhältnis beim Bund familienbedingt teilzeitbeschäftigt oder beurlaubt nach § 92 gewesen ist oder Familienpflegezeit nach § 92a in Anspruch genommen hat,

2.
   das Ruhegehalt, das sie oder er bei Eintritt in den Ruhestand wegen Erreichens der Altersgrenze erhalten würde, wegen der familienbedingten Abwesenheitszeiten nach Nummer 1 nicht die Höchstgrenze erreicht,

3.
   die Arbeitszeit mindestens die Hälfte der regelmäßigen wöchentlichen Arbeitszeit beträgt und

4.
   dienstliche Belange einem Hinausschieben nicht entgegenstehen.

Den familienbedingten Abwesenheitszeiten nach Satz 1 Nummer 1 stehen entsprechende Zeiten im Beamten- oder Richterverhältnis beim Bund oder einem anderen Dienstherrn gleich. Der Eintritt in den Ruhestand kann höchstens um die Dauer der familienbedingten Teilzeitbeschäftigung oder Beurlaubung oder Familienpflegezeit hinausgeschoben werden.

(1b) Dienstliche Belange stehen einem Hinausschieben des Eintritts in den Ruhestand insbesondere dann entgegen, wenn

1.
   die bisher wahrgenommenen Aufgaben wegfallen,

2.
   Planstellen eingespart werden sollen,

3.
   die Beamtin oder der Beamte in einem Planstellenabbaubereich beschäftigt ist,

4.
   die Aufgabe, die die Beamtin oder der Beamte wahrnimmt, einem festen Rotationsprinzip unterliegt,

5.
   andere personalwirtschaftliche Gründe gegen eine Weiterbeschäftigung sprechen oder

6.
   zu erwarten ist, dass sie oder er den Anforderungen des Dienstes nicht mehr gewachsen ist.

(2) Der Eintritt in den Ruhestand kann im Einzelfall mit Zustimmung der Beamtin oder des Beamten um höchstens drei Jahre hinausgeschoben werden, wenn

1.
   die Dienstgeschäfte nur durch diese Beamtin oder diesen Beamten fortgeführt werden können und

2.
   die Arbeitszeit der Beamtin oder des Beamten mindestens die Hälfte der regelmäßigen Arbeitszeit beträgt.

Das Gleiche gilt bei einer besonderen Altersgrenze.

(3) Die Absätze 1 und 2 gelten im Beamtenverhältnis auf Probe nach § 24 entsprechend.

(4) Auf Antrag der Beamtin oder des Beamten kann der Eintritt in den Ruhestand bei Vorliegen eines dienstlichen Interesses um höchstens zwei Jahre hinausgeschoben werden. Das gilt nur, wenn für einen Zeitraum von höchstens zwei Jahren vor Beginn des Monats, in dem die jeweils geltende Regelaltersgrenze oder die besondere Altersgrenze

erreicht wird, und höchstens zwei Jahre danach Teilzeitbeschäftigung mit der Hälfte der regelmäßigen Arbeitszeit bewilligt wird. Die Zeiträume vor und nach der jeweils geltenden Regelaltersgrenze oder der besonderen Altersgrenze müssen gleich lang sein. Sie muss vor dem 1. Januar 2017 beginnen. Eine Bewilligung nach § 9 Absatz 2 der Arbeitszeitverordnung ist nicht möglich. Der Antrag ist spätestens sechs Monate vor dem Zeitpunkt zu stellen, zu dem die Teilzeitbeschäftigung beginnen soll.

(5) Dem Antrag nach Absatz 4 darf nur entsprochen werden, wenn die Beamtin oder der Beamte sich verpflichtet, während des Bewilligungszeitraumes berufliche Verpflichtungen außerhalb des Beamtenverhältnisses nur in dem Umfang einzugehen, in dem Vollzeitbeschäftigten die Ausübung von Nebentätigkeiten gestattet ist. Ausnahmen hiervon sind nur zulässig, soweit dies mit dem Beamtenverhältnis vereinbar ist. Dabei ist von der regelmäßigen wöchentlichen Arbeitszeit für Vollzeitbeschäftigte auszugehen. Wird der Verpflichtung nach Satz 1 schuldhaft nicht nachgekommen, soll die Bewilligung mit Wirkung für die Zukunft widerrufen werden.

(6) Die Bewilligung nach Absatz 4 darf außer in den Fällen des Absatzes 5 Satz 4 mit Wirkung für die Zukunft nur widerrufen werden, wenn der Beamtin oder dem Beamten die Teilzeitbeschäftigung nicht mehr zugemutet werden kann. Wird die Bewilligung widerrufen, nach dem die Regelaltersgrenze oder die besondere Altersgrenze erreicht worden ist, tritt die Beamtin oder der Beamte mit dem Ende des Monats in den Ruhestand, in dem der Widerruf bekannt gegeben worden ist. Die Vorschriften über die Beendigung des Beamtenverhältnisses wegen Dienstunfähigkeit und die Feststellung der begrenzten Dienstfähigkeit bleiben unberührt.

-

§ 54 Einstweiliger Ruhestand

(1) Die Bundespräsidentin oder der Bundespräsident kann jederzeit die nachfolgend genannten politischen Beamtinnen und politischen Beamten in den einstweiligen Ruhestand versetzen, wenn sie Beamtinnen auf Lebenszeit oder Beamte auf Lebenszeit sind:

1.
   Staatssekretärinnen und Staatssekretäre sowie Ministerialdirektorinnen und Ministerialdirektoren,

2.
   sonstige Beamtinnen und Beamte des höheren Dienstes im auswärtigen Dienst von der Besoldungsgruppe B 3 an aufwärts sowie Botschafterinnen und Botschafter in der Besoldungsgruppe A 16,

3.
   Beamtinnen und Beamte des höheren Dienstes des Amtes für den Militärischen Abschirmdienst, des Bundesamtes für Verfassungsschutz und des Bundesnachrichtendienstes von der Besoldungsgruppe B 6 an aufwärts,

4.
   die Chefin oder den Chef des Presse- und Informationsamtes der Bundesregierung, deren oder dessen Stellvertretung und die Stellvertretende Sprecherin oder den Stellvertretenden Sprecher der Bundesregierung,

5.
   die Generalbundesanwältin oder den Generalbundesanwalt beim Bundesgerichtshof,

6.
   (weggefallen)

7.
   die Präsidentin oder den Präsidenten des Bundeskriminalamtes,

8.
   die Präsidentin oder den Präsidenten des Bundespolizeipräsidiums,

9.
   die Präsidentin oder den Präsidenten des Bundesamtes für das Personalmanagement der Bundeswehr,

10.
   die Präsidentin oder den Präsidenten des Bundesamtes für Ausrüstung, Informationstechnik und Nutzung der Bundeswehr und

11.
   die Präsidentin oder den Präsidenten des Bundesamtes für Infrastruktur, Umweltschutz und Dienstleistungen der Bundeswehr.

(2) Gesetzliche Vorschriften, nach denen andere politische Beamtinnen und politische Beamte in den einstweiligen Ruhestand versetzt werden können, bleiben unberührt.

-

§ 55 Einstweiliger Ruhestand bei organisatorischen Veränderungen

Im Fall der Auflösung oder einer wesentlichen Änderung des Aufbaus oder der Aufgaben einer Behörde oder der Verschmelzung von Behörden können Beamtinnen auf Lebenszeit und Beamte auf Lebenszeit, deren Aufgabengebiet davon betroffen ist und die ein Amt der Bundesbesoldungsordnung B wahrnehmen, in den einstweiligen Ruhestand versetzt werden, wenn durch die organisatorische Änderung eine ihrem Amt entsprechende Planstelle eingespart wird und eine Versetzung nicht möglich ist. Frei werdende Planstellen sollen den in den einstweiligen Ruhestand versetzten Beamtinnen und Beamten, die dafür geeignet sind, vorbehalten werden.

-

§ 56 Beginn des einstweiligen Ruhestands

Wenn nicht im Einzelfall ausdrücklich ein späterer Zeitpunkt festgesetzt wird, beginnt der einstweilige Ruhestand mit dem Zeitpunkt, zu dem die Versetzung in den einstweiligen Ruhestand der Beamtin oder dem Beamten bekannt gegeben wird, spätestens jedoch mit dem Ende des dritten Monats, der auf den Monat der Bekanntgabe folgt. Die Verfügung kann bis zum Beginn des Ruhestands zurückgenommen werden.

-

§ 57 Erneute Berufung

Die in den einstweiligen Ruhestand versetzten Beamtinnen und Beamten sind verpflichtet, einer erneuten Berufung in das Beamtenverhältnis auf Lebenszeit Folge zu leisten, wenn ihnen im Dienstbereich ihres früheren Dienstherrn ein Amt mit mindestens demselben Endgrundgehalt verliehen werden soll.

-

§ 58 Ende des einstweiligen Ruhestands

(1) Der einstweilige Ruhestand endet bei erneuter Berufung in das Beamtenverhältnis auf Lebenszeit.
(2) Die in den einstweiligen Ruhestand versetzten Beamtinnen und Beamten gelten mit Erreichen der Regelaltersgrenze als dauernd in den Ruhestand versetzt.

-

§ 59 Zuständigkeit bei Versetzung in den Ruhestand

Die Versetzung in den Ruhestand wird von der für die Ernennung zuständigen Stelle verfügt, soweit gesetzlich nichts anderes bestimmt ist. Die Versetzungsverfügung ist der Beamtin oder dem Beamten schriftlich zuzustellen. Sie kann bis zum Beginn des Ruhestands zurückgenommen werden.

Abschnitt 6
Rechtliche Stellung im Beamtenverhältnis

Unterabschnitt 1
Allgemeine Pflichten und Rechte

-

§ 60 Grundpflichten

(1) Beamtinnen und Beamte dienen dem ganzen Volk, nicht einer Partei. Sie haben ihre Aufgaben unparteiisch und gerecht zu erfüllen und bei ihrer Amtsführung auf das Wohl der Allgemeinheit Bedacht zu nehmen. Beamtinnen und Beamte müssen sich durch ihr gesamtes Verhalten zu der freiheitlichen demokratischen Grundordnung im Sinne des Grundgesetzes bekennen und für deren Erhaltung eintreten.

(2) Beamtinnen und Beamte haben bei politischer Betätigung diejenige Mäßigung und Zurückhaltung zu wahren, die sich aus ihrer Stellung gegenüber der Allgemeinheit und aus der Rücksicht auf die Pflichten ihres Amtes ergeben.

§ 61 Wahrnehmung der Aufgaben, Verhalten

(1) Beamtinnen und Beamte haben sich mit vollem persönlichem Einsatz ihrem Beruf zu widmen. Sie haben das ihnen übertragene Amt uneigennützig nach bestem Gewissen wahrzunehmen. Ihr Verhalten innerhalb und außerhalb des Dienstes muss der Achtung und dem Vertrauen gerecht werden, die ihr Beruf erfordert.
(2) Beamtinnen und Beamte sind verpflichtet, an Maßnahmen der dienstlichen Qualifizierung zur Erhaltung oder Fortentwicklung ihrer Kenntnisse und Fähigkeiten teilzunehmen.

§ 62 Folgepflicht

(1) Beamtinnen und Beamte haben ihre Vorgesetzten zu beraten und zu unterstützen. Sie sind verpflichtet, deren dienstliche Anordnungen auszuführen und deren allgemeine Richtlinien zu befolgen. Dies gilt nicht, soweit die Beamtinnen und Beamten nach besonderen gesetzlichen Vorschriften an Weisungen nicht gebunden und nur dem Gesetz unterworfen sind.
(2) Beamtinnen und Beamte haben bei organisatorischen Veränderungen dem Dienstherrn Folge zu leisten.

§ 63 Verantwortung für die Rechtmäßigkeit

(1) Beamtinnen und Beamte tragen für die Rechtmäßigkeit ihrer dienstlichen Handlungen die volle persönliche Verantwortung.
(2) Bedenken gegen die Rechtmäßigkeit dienstlicher Anordnungen haben Beamtinnen und Beamte unverzüglich bei der oder dem unmittelbaren Vorgesetzten geltend zu machen. Wird die Anordnung aufrechterhalten, haben sie sich, wenn ihre Bedenken gegen deren Rechtmäßigkeit fortbestehen, an die nächsthöhere Vorgesetzte oder den nächsthöheren Vorgesetzten zu wenden. Wird die Anordnung bestätigt, müssen die Beamtinnen und Beamten sie ausführen und sind von der eigenen Verantwortung befreit. Dies gilt nicht, wenn das aufgetragene Verhalten die Würde des Menschen verletzt oder strafbar oder ordnungswidrig ist und die Strafbarkeit oder Ordnungswidrigkeit für die Beamtinnen und Beamten erkennbar ist. Die Bestätigung hat auf Verlangen schriftlich zu erfolgen.
(3) Verlangt eine Vorgesetzte oder ein Vorgesetzter die sofortige Ausführung der Anordnung, weil Gefahr im Verzug ist und die Entscheidung der oder des höheren Vorgesetzten nicht rechtzeitig herbeigeführt werden kann, gilt Absatz 2 Satz 3 bis 5 entsprechend.

§ 64 Eidespflicht, Eidesformel

(1) Beamtinnen und Beamte haben folgenden Diensteid zu leisten: „Ich schwöre, das Grundgesetz und alle in der Bundesrepublik Deutschland geltenden Gesetze zu wahren und meine Amtspflichten gewissenhaft zu erfüllen, so wahr mir Gott helfe. "
(2) Der Eid kann auch ohne die Worte „so wahr mir Gott helfe" geleistet werden.
(3) Lehnt eine Beamtin oder ein Beamter aus Glaubens- oder Gewissensgründen die Ablegung des vorgeschriebenen Eides ab, können an Stelle der Worte „Ich schwöre" die Worte „Ich gelobe" oder eine andere Beteuerungsformel gesprochen werden.
(4) In den Fällen, in denen nach § 7 Abs. 3 eine Ausnahme von § 7 Abs. 1 Nr. 1 zugelassen worden ist, kann von einer Eidesleistung abgesehen werden. Sofern gesetzlich nichts anderes bestimmt ist, hat die Beamtin oder der Beamte in diesen Fällen zu geloben, ihre oder seine Amtspflichten gewissenhaft zu erfüllen.

§ 65 Befreiung von Amtshandlungen

(1) Beamtinnen und Beamte sind von Amtshandlungen zu befreien, die sich gegen sie selbst oder Angehörige richten würden, zu deren Gunsten ihnen wegen familienrechtlicher Beziehungen im Strafverfahren das Zeugnisverweigerungsrecht zusteht.

(2) Gesetzliche Vorschriften, nach denen Beamtinnen oder Beamte von einzelnen Amtshandlungen ausgeschlossen sind, bleiben unberührt.

–

§ 66 Verbot der Führung der Dienstgeschäfte

Die oberste Dienstbehörde oder die von ihr bestimmte Behörde kann einer Beamtin oder einem Beamten aus zwingenden dienstlichen Gründen die Führung der Dienstgeschäfte verbieten. Das Verbot erlischt, wenn nicht bis zum Ablauf von drei Monaten gegen die Beamtin oder den Beamten ein Disziplinarverfahren oder ein sonstiges auf Rücknahme der Ernennung oder auf Beendigung des Beamtenverhältnisses gerichtetes Verfahren eingeleitet worden ist.

–

§ 67 Verschwiegenheitspflicht

(1) Beamtinnen und Beamte haben über die ihnen bei oder bei Gelegenheit ihrer amtlichen Tätigkeit bekannt gewordenen dienstlichen Angelegenheiten Verschwiegenheit zu bewahren. Dies gilt auch über den Bereich eines Dienstherrn hinaus sowie nach Beendigung des Beamtenverhältnisses.

(2) Absatz 1 gilt nicht, soweit

1.
    Mitteilungen im dienstlichen Verkehr geboten sind,

2.
    Tatsachen mitgeteilt werden, die offenkundig sind oder ihrer Bedeutung nach keiner Geheimhaltung bedürfen, oder

3.
    gegenüber der zuständigen obersten Dienstbehörde, einer Strafverfolgungsbehörde oder einer von der obersten Dienstbehörde bestimmten weiteren Behörde oder außerdienstlichen Stelle ein durch Tatsachen begründeter Verdacht einer Korruptionsstraftat nach den §§ 331 bis 337 des Strafgesetzbuches angezeigt wird.

Im Übrigen bleiben die gesetzlich begründeten Pflichten, geplante Straftaten anzuzeigen und für die Erhaltung der freiheitlichen demokratischen Grundordnung einzutreten, von Absatz 1 unberührt.

(3) Beamtinnen und Beamte dürfen ohne Genehmigung über Angelegenheiten nach Absatz 1 weder vor Gericht noch außergerichtlich aussagen oder Erklärungen abgeben. Die Genehmigung erteilt die oder der Dienstvorgesetzte oder, wenn das Beamtenverhältnis beendet ist, die oder der letzte Dienstvorgesetzte. Hat sich der Vorgang, der den Gegenstand der Äußerung bildet, bei einem früheren Dienstherrn ereignet, darf die Genehmigung nur mit dessen Zustimmung erteilt werden.

(4) Beamtinnen und Beamte haben, auch nach Beendigung des Beamtenverhältnisses, auf Verlangen der oder des Dienstvorgesetzten oder der oder des letzten Dienstvorgesetzten amtliche Schriftstücke, Zeichnungen, bildliche Darstellungen sowie Aufzeichnungen jeder Art über dienstliche Vorgänge, auch soweit es sich um Wiedergaben handelt, herauszugeben. Entsprechendes gilt für ihre Hinterbliebenen und Erben.

–

§ 68 Versagung der Aussagegenehmigung

(1) Die Genehmigung, als Zeugin oder Zeuge auszusagen, darf nur versagt werden, wenn die Aussage dem Wohle des Bundes oder eines deutschen Landes Nachteile bereiten oder die Erfüllung öffentlicher Aufgaben ernstlich gefährden oder erheblich erschweren würde.

(2) Sind Beamtinnen oder Beamte Partei oder Beschuldigte in einem gerichtlichen Verfahren oder soll ihr Vorbringen der Wahrnehmung ihrer berechtigten Interessen dienen, darf die Genehmigung auch dann, wenn die Voraussetzungen des Absatzes 1 erfüllt sind, nur versagt werden, wenn die dienstlichen Rücksichten dies unabweisbar erfordern. Wird die Genehmigung versagt, haben die oder der Dienstvorgesetzte der Beamtin oder dem Beamten den Schutz zu gewähren, den die dienstlichen Rücksichten zulassen.

(3) Über die Versagung der Genehmigung entscheidet die oberste Dienstbehörde. Sie kann diese Befugnis auf andere Behörden übertragen.

§ 69 Gutachtenerstattung

Die Genehmigung, ein Gutachten zu erstatten, kann versagt werden, wenn die Erstattung den dienstlichen Interessen Nachteile bereiten würde. § 68 Abs. 3 gilt entsprechend.

§ 70 Auskünfte an die Medien

Die Leitung der Behörde entscheidet, wer den Medien Auskünfte erteilt.

§ 71 Verbot der Annahme von Belohnungen, Geschenken und sonstigen Vorteilen

(1) Beamtinnen und Beamte dürfen, auch nach Beendigung des Beamtenverhältnisses, keine Belohnungen, Geschenke oder sonstigen Vorteile für sich oder einen Dritten in Bezug auf ihr Amt fordern, sich versprechen lassen oder annehmen. Ausnahmen bedürfen der Zustimmung der obersten oder der letzten obersten Dienstbehörde. Die Befugnis zur Zustimmung kann auf andere Behörden übertragen werden.

(2) Wer gegen das in Absatz 1 genannte Verbot verstößt, hat auf Verlangen das aufgrund des pflichtwidrigen Verhaltens Erlangte dem Dienstherrn herauszugeben, soweit nicht im Strafverfahren der Verfall angeordnet worden ist oder es auf andere Weise auf den Staat übergegangen ist. Für den Umfang des Herausgabeanspruchs gelten die Vorschriften des Bürgerlichen Gesetzbuches über die Herausgabe einer ungerechtfertigten Bereicherung entsprechend. Die Herausgabepflicht nach Satz 1 umfasst auch die Pflicht, dem Dienstherrn Auskunft über Art, Umfang und Verbleib des Erlangten zu geben.

§ 72 Wahl der Wohnung

(1) Beamtinnen und Beamte haben ihre Wohnung so zu nehmen, dass die ordnungsmäßige Wahrnehmung ihrer Dienstgeschäfte nicht beeinträchtigt wird.

(2) Die oder der Dienstvorgesetzte kann, wenn die dienstlichen Verhältnisse es erfordern, anweisen, dass die Wohnung innerhalb einer bestimmten Entfernung von der Dienststelle zu nehmen oder eine Dienstwohnung zu beziehen ist.

§ 73 Aufenthaltspflicht

Wenn besondere dienstliche Verhältnisse es dringend erfordern, kann die Beamtin oder der Beamte angewiesen werden, sich während der dienstfreien Zeit in erreichbarer Nähe des Dienstortes aufzuhalten.

§ 74 Dienstkleidung

Die Bundespräsidentin oder der Bundespräsident oder die von ihr oder ihm bestimmte Stelle erlässt die Bestimmungen über Dienstkleidung, die bei Wahrnehmung des Amtes üblich oder erforderlich ist.

§ 75 Pflicht zum Schadensersatz

(1) Beamtinnen und Beamte, die vorsätzlich oder grob fahrlässig die ihnen obliegenden Pflichten verletzt haben, haben dem Dienstherrn, dessen Aufgaben sie wahrgenommen haben, den daraus entstehenden Schaden zu ersetzen. Haben zwei oder mehr Beamtinnen und Beamte gemeinsam den Schaden verursacht, haften sie gesamtschuldnerisch.
(2) Hat der Dienstherr Dritten Schadensersatz geleistet, gilt als Zeitpunkt, zu dem der Dienstherr Kenntnis im Sinne der Verjährungsvorschriften des Bürgerlichen Gesetzbuches erlangt, der Zeitpunkt, zu dem der Ersatzanspruch gegenüber Dritten vom Dienstherrn anerkannt oder dem Dienstherrn gegenüber rechtskräftig festgestellt wird.
(3) Leistet die Beamtin oder der Beamte dem Dienstherrn Ersatz und hat dieser einen Ersatzanspruch gegen Dritte, geht der Ersatzanspruch auf sie oder ihn über.

-

§ 76 Übergang eines Schadensersatzanspruchs gegen Dritte

Werden Beamtinnen, Beamte, Versorgungsberechtigte oder ihre Angehörigen körperlich verletzt oder getötet, geht ein gesetzlicher Schadensersatzanspruch, der diesen Personen infolge der Körperverletzung oder der Tötung gegen Dritte zusteht, insoweit auf den Dienstherrn über, als dieser während einer auf der Körperverletzung beruhenden Aufhebung der Dienstfähigkeit oder infolge der Körperverletzung oder der Tötung zur Gewährung von Leistungen verpflichtet ist. Ist eine Versorgungskasse zur Gewährung der Versorgung verpflichtet, geht der Anspruch auf sie über. Der Übergang des Anspruchs kann nicht zum Nachteil der Verletzten oder der Hinterbliebenen geltend gemacht werden.

-

§ 77 Nichterfüllung von Pflichten

(1) Beamtinnen und Beamte begehen ein Dienstvergehen, wenn sie schuldhaft die ihnen obliegenden Pflichten verletzen. Außerhalb des Dienstes ist dieses nur dann ein Dienstvergehen, wenn die Pflichtverletzung nach den Umständen des Einzelfalls in besonderem Maße geeignet ist, das Vertrauen in einer für ihr Amt oder das Ansehen des Beamtentums bedeutsamen Weise zu beeinträchtigen.
(2) Bei Ruhestandsbeamtinnen und Ruhestandsbeamten sowie früheren Beamtinnen mit Versorgungsbezügen und früheren Beamten mit Versorgungsbezügen gilt es als Dienstvergehen, wenn sie

1.
    sich gegen die freiheitliche demokratische Grundordnung im Sinne des Grundgesetzes betätigen,
2.
    an Bestrebungen teilnehmen, die darauf abzielen, den Bestand oder die Sicherheit der Bundesrepublik Deutschland zu beeinträchtigen,
3.
    gegen die Verschwiegenheitspflicht, gegen die Anzeigepflicht oder das Verbot einer Tätigkeit nach Beendigung des Beamtenverhältnisses oder gegen das Verbot der Annahme von Belohnungen, Geschenken und sonstigen Vorteilen verstoßen oder
4.
    einer Verpflichtung nach § 46 Absatz 1, 2, 4 oder 7 oder § 57 schuldhaft nicht nachkommen.
Satz 1 Nummer 1 bis 3 gilt auch für frühere Beamtinnen mit Anspruch auf Altersgeld und frühere Beamte mit Anspruch auf Altersgeld.
(3) Die Verfolgung von Dienstvergehen richtet sich nach dem Bundesdisziplinargesetz.

-

§ 78 Fürsorgepflicht des Dienstherrn

Der Dienstherr hat im Rahmen des Dienst- und Treueverhältnisses für das Wohl der Beamtinnen und Beamten und ihrer Familien, auch für die Zeit nach Beendigung des Beamtenverhältnisses, zu sorgen. Er schützt die Beamtinnen und Beamten bei ihrer amtlichen Tätigkeit und in ihrer Stellung.

-

§ 79 Mutterschutz, Elternzeit und Jugendarbeitsschutz

(1) Die Bundesregierung regelt durch Rechtsverordnung die der Eigenart des öffentlichen Dienstes entsprechende Anwendung der Vorschriften

1.
   des Mutterschutzgesetzes auf Beamtinnen,
2.
   des Bundeselterngeld- und Elternzeitgesetzes über die Elternzeit auf Beamtinnen und Beamte.
Das Bundesministerium des Innern kann in Fällen des Artikels 91 Abs. 2 und des Artikels 115f Abs. 1 Nr. 1 des Grundgesetzes den Anspruch auf Elternzeit für Polizeivollzugsbeamtinnen und Polizeivollzugsbeamte in der Bundespolizei aus zwingenden Gründen der inneren Sicherheit aufheben oder beschränken.
(2) Das Jugendarbeitsschutzgesetz gilt für jugendliche Beamtinnen und jugendliche Beamte entsprechend. Die Bundesregierung kann durch Rechtsverordnung Ausnahmen von den Vorschriften des Jugendarbeitsschutzgesetzes für jugendliche Polizeivollzugsbeamtinnen und jugendliche Polizeivollzugsbeamte bestimmen, soweit diese aufgrund der Eigenart des Polizeivollzugsdienstes oder aus Gründen der inneren Sicherheit erforderlich sind.

-

§ 80 Beihilfe in Krankheits-, Pflege- und Geburtsfällen

(1) Beihilfe erhalten

1.
   Beamtinnen und Beamte, die Anspruch auf Besoldung haben oder Elternzeit in Anspruch nehmen,
2.
   Versorgungsempfängerinnen und Versorgungsempfänger, die Anspruch auf Versorgungsbezüge haben,
3.
   frühere Beamtinnen und frühere Beamte während des Bezugs von Unterhaltsbeitrag oder Übergangsgeld nach dem Beamtenversorgungsgesetz,
4.
   frühere Beamtinnen auf Zeit und frühere Beamte auf Zeit während des Bezugs von Übergangsgeld nach dem Beamtenversorgungsgesetz.
Satz 1 gilt auch, wenn Bezüge wegen der Anwendung von Ruhens- oder Anrechnungsvorschriften nicht gezahlt werden. Für Aufwendungen der Ehegattin, des Ehegatten, der Lebenspartnerin oder des Lebenspartners, die oder der kein zur wirtschaftlichen Selbständigkeit führendes Einkommen hat, und der im Familienzuschlag nach dem Bundesbesoldungsgesetz berücksichtigungsfähigen Kinder wird ebenfalls Beihilfe gewährt. Satz 3 gilt nicht für Fälle des § 23 des Beamtenversorgungsgesetzes.
(2) Beihilfefähig sind grundsätzlich nur notwendige und wirtschaftlich angemessene Aufwendungen

1.
   in Krankheits- und Pflegefällen,
2.
   zur Vorbeugung und Behandlung von Krankheiten oder Behinderungen,
3.
   in Geburtsfällen, zur Empfängnisverhütung, bei künstlicher Befruchtung sowie in Ausnahmefällen bei Sterilisation und Schwangerschaftsabbruch und
4.
   zur Früherkennung von Krankheiten und zu Schutzimpfungen.
(3) Beihilfe wird als mindestens 50-prozentige Erstattung der beihilfefähigen Aufwendungen gewährt. Sie kann in Pflegefällen in Form einer Pauschale gewährt werden, deren Höhe sich am tatsächlichen Versorgungsaufwand orientiert. Es können Eigenbehalte von den beihilfefähigen Aufwendungen oder der Beihilfe abgezogen und Belastungsgrenzen festgelegt werden. Beihilfe darf nur gewährt werden, wenn sie zusammen mit von dritter Seite zustehenden Erstattungen die dem Grunde nach beihilfefähigen Aufwendungen nicht überschreitet. Zustehende Leistungen zu Aufwendungen nach Absatz 2 sind von den beihilfefähigen Aufwendungen abzuziehen. Nicht beihilfefähig sind Aufwendungen von Beihilfeberechtigten, denen Leistungen nach § 70 Abs. 2 des Bundesbesoldungsgesetzes zustehen.
(4) Das Bundesministerium des Innern regelt im Einvernehmen mit dem Auswärtigen Amt, dem Bundesministerium der Finanzen, dem Bundesministerium der Verteidigung und dem Bundesministerium für Gesundheit durch Rechtsverordnung die Einzelheiten der Beihilfegewährung, insbesondere der Höchstbeträge, des völligen oder teilweisen Ausschlusses von Arznei-, Heil- und Hilfsmitteln in Anlehnung an das Fünfte Buch Sozialgesetzbuch und der Berücksichtigung von Kindern.

-

§ 81 Reisekosten

(1) Beamtinnen und Beamte erhalten die notwendigen Kosten einer dienstlich veranlassten Reise (Dienstreise) vergütet. Die Reisekostenvergütung umfasst die Fahrt- und Flugkosten, eine Wegstreckenentschädigung, Tage- und Übernachtungsgelder, Reisebeihilfen für Familienheimfahrten sowie sonstige Kosten, die durch die Reise veranlasst sind.

(2) Die Einzelheiten zu Art und Umfang der Reisekostenvergütung sowie die Grundsätze des Abrechnungsverfahrens regelt die Bundesregierung durch Rechtsverordnung. Bei der Bemessung der Reisekostenvergütung können Höchstgrenzen oder Pauschalen für eine Erstattung festgesetzt und abweichende Regelungen für besondere Fälle getroffen werden.

(3) Für Reisen nach Absatz 1 im oder in das Ausland sowie vom Ausland in das Inland (Auslandsdienstreisen) kann das Bundesministerium des Innern im Einvernehmen mit dem Auswärtigen Amt, dem Bundesministerium der Verteidigung und dem Bundesministerium der Finanzen durch Rechtsverordnung abweichende Vorschriften erlassen. Dazu gehören die Anordnung und Genehmigung von Dienstreisen sowie der Umfang der Reisekostenvergütung einschließlich zusätzlich zu erstattender notwendiger Kosten, die der Erreichung des Zwecks von Auslandsdienstreisen dienen und die die besonderen Verhältnisse im Ausland berücksichtigen.

–

§ 82 Umzugskosten

(1) Beamtinnen und Beamte sowie ihre Hinterbliebenen erhalten die notwendigen Kosten für einen Umzug vergütet (Umzugskostenvergütung), wenn die Übernahme der Umzugskosten zugesagt worden ist. Die Umzugskostenzusage kann bei einem dienstlich veranlassten Umzug oder in besonderen Fällen gegeben werden. Die Umzugskostenvergütung umfasst

1.
   Beförderungsauslagen,
2.
   Reisekosten,
3.
   Trennungsgeld,
4.
   Mietentschädigung und
5.
   sonstige Auslagen.

(2) Die Einzelheiten zu Art und Umfang der Umzugskostenvergütung sowie die Grundsätze des Abrechnungsverfahrens regelt die Bundesregierung durch Rechtsverordnung. Bei der Bemessung der Umzugskostenvergütung können Höchstgrenzen oder Pauschalen für eine Erstattung festgesetzt und abweichende Regelungen für besondere Fälle getroffen werden.

(3) Für Umzüge nach Absatz 1 im oder in das Ausland sowie aus dem Ausland in das Inland (Auslandsumzüge) kann das Auswärtige Amt im Einvernehmen mit dem Bundesministerium des Innern, dem Bundesministerium der Verteidigung und dem Bundesministerium der Finanzen durch Rechtsverordnung abweichende Vorschriften zur Umzugskostenvergütung erlassen, soweit die besonderen Bedürfnisse des Auslandsdienstes und die besonderen Verhältnisse im Ausland es erfordern.

–

§ 83 Trennungsgeld

(1) Beamtinnen und Beamte, die an einen Ort außerhalb des Dienst- oder Wohnortes abgeordnet, versetzt, zugewiesen oder aufgrund einer anderen personellen Maßnahme an einem Ort außerhalb ihres bisherigen Dienst- oder Wohnortes beschäftigt werden, erhalten die notwendigen Kosten erstattet, die durch die häusliche Trennung oder in besonderen Fällen entstehen (Trennungsgeld). Dabei sind die häuslichen Ersparnisse zu berücksichtigen.

(2) Werden Beamtinnen auf Widerruf und Beamte auf Widerruf im Vorbereitungsdienst zum Zweck ihrer Ausbildung einer Ausbildungsstelle an einen anderen Ort als dem bisherigen Dienst- oder Wohnort zugewiesen, können ihnen die dadurch entstehenden notwendigen Mehrausgaben ganz oder teilweise erstattet werden.

(3) Die Einzelheiten zu Art und Umfang des Trennungsgeldes und der Gewährung von Reisebeihilfen für Familienheimfahrten sowie die Grundsätze des Abrechnungsverfahrens regelt die Bundesregierung durch Rechtsverordnung. Bei der Bemessung des Trennungsgeldes und der Reisebeihilfen für Familienheimfahrten können Höchstgrenzen und Pauschalen für eine Erstattung festgesetzt und abweichende Regelungen für besondere Fälle getroffen werden.

(4) Für Maßnahmen nach Absatz 1 im oder in das Ausland sowie vom Ausland in das Inland kann das Auswärtige Amt im

Einvernehmen mit dem Bundesministerium des Innern, dem Bundesministerium der Verteidigung und dem Bundesministerium der Finanzen durch Rechtsverordnung abweichende Vorschriften zu Trennungsgeld und Reisebeihilfen für Familienheimfahrten erlassen, soweit die besonderen Bedürfnisse des Auslandsdienstes und die besonderen Verhältnisse im Ausland es erfordern.

-

§ 84 Jubiläumszuwendung

Beamtinnen und Beamten wird bei Dienstjubiläen eine Zuwendung gewährt. Das Nähere regelt die Bundesregierung durch Rechtsverordnung.

-

§ 84a Rückforderung zu viel gezahlter Geldleistungen

Die Rückforderung zu viel gezahlter Geldleistungen, die der Dienstherr auf Grund beamtenrechtlicher Vorschriften geleistet hat, richtet sich nach den Vorschriften des Bürgerlichen Gesetzbuchs über die Herausgabe einer ungerechtfertigten Bereicherung. Der Kenntnis des Mangels des rechtlichen Grundes der Zahlung steht es gleich, wenn der Mangel so offensichtlich war, dass die Empfängerin oder der Empfänger ihn hätte erkennen müssen. Von der Rückforderung kann aus Billigkeitsgründen mit Zustimmung der obersten Dienstbehörde oder der von ihr bestimmten Stelle ganz oder teilweise abgesehen werden.

-

§ 85 Dienstzeugnis

Beamtinnen und Beamten wird auf Antrag ein Dienstzeugnis über Art und Dauer der von ihnen wahrgenommenen Ämter erteilt, wenn sie daran ein berechtigtes Interesse haben oder das Beamtenverhältnis beendet ist. Das Dienstzeugnis muss auf Verlangen auch über die ausgeübte Tätigkeit und die erbrachten Leistungen Auskunft geben.

-

§ 86 Amtsbezeichnungen

(1) Die Bundespräsidentin oder der Bundespräsident oder eine von ihr oder ihm bestimmte Stelle setzt die Amtsbezeichnungen fest, soweit gesetzlich nichts anderes bestimmt ist.
(2) Beamtinnen und Beamte führen im Dienst die Amtsbezeichnung des ihnen übertragenen Amtes. Sie dürfen sie auch außerhalb des Dienstes führen. Nach dem Wechsel in ein anderes Amt dürfen sie die bisherige Amtsbezeichnung nicht mehr führen. Ist das neue Amt mit einem niedrigeren Endgrundgehalt verbunden, darf neben der neuen Amtsbezeichnung die des früheren Amtes mit dem Zusatz „außer Dienst" oder „a. D." geführt werden.
(3) Ruhestandsbeamtinnen und Ruhestandsbeamte dürfen die ihnen bei der Versetzung in den Ruhestand zustehende Amtsbezeichnung mit dem Zusatz „außer Dienst" oder „a. D." und die im Zusammenhang mit dem Amt verliehenen Titel weiter führen. Ändert sich die Bezeichnung des früheren Amtes, darf die geänderte Amtsbezeichnung geführt werden.

Unterabschnitt 2
Arbeitszeit

-

§ 87 Arbeitszeit

(1) Die regelmäßige Arbeitszeit darf wöchentlich im Durchschnitt 44 Stunden nicht überschreiten.
(2) Soweit Bereitschaftsdienst besteht, kann die Arbeitszeit entsprechend den dienstlichen Bedürfnissen verlängert werden.

(3) Das Nähere zur Regelung der Arbeitszeit, insbesondere zur Dauer, zu Möglichkeiten ihrer flexiblen Ausgestaltung und zur Kontrolle ihrer Einhaltung, regelt die Bundesregierung durch Rechtsverordnung. Eine Kontrolle der Einhaltung der Arbeitszeit mittels automatisierter Datenverarbeitungssysteme ist zulässig, soweit diese Systeme eine Mitwirkung der Beamtinnen und Beamten erfordern. Die erhobenen Daten dürfen nur für Zwecke der Arbeitszeitkontrolle, der Wahrung arbeitsschutzrechtlicher Bestimmungen und des gezielten Personaleinsatzes verwendet werden, soweit dies zur Aufgabenwahrnehmung der jeweils zuständigen Stelle erforderlich ist. In der Rechtsverordnung sind Löschfristen für die erhobenen Daten vorzusehen.

-

§ 88 Mehrarbeit

Beamtinnen und Beamte sind verpflichtet, ohne Vergütung über die regelmäßige wöchentliche Arbeitszeit hinaus Dienst zu tun, wenn zwingende dienstliche Verhältnisse dies erfordern und sich die Mehrarbeit auf Ausnahmefälle beschränkt. Werden sie durch eine dienstlich angeordnete oder genehmigte Mehrarbeit mehr als fünf Stunden im Monat über die regelmäßige Arbeitszeit hinaus beansprucht, ist ihnen innerhalb eines Jahres für die Mehrarbeit, die sie über die regelmäßige Arbeitszeit hinaus leisten, entsprechende Dienstbefreiung zu gewähren. Bei Teilzeitbeschäftigung sind die fünf Stunden anteilig zu kürzen. Ist die Dienstbefreiung aus zwingenden dienstlichen Gründen nicht möglich, können Beamtinnen und Beamte in Besoldungsgruppen mit aufsteigenden Gehältern eine Vergütung erhalten.

-

§ 89 Erholungsurlaub

Beamtinnen und Beamten steht jährlich ein Erholungsurlaub unter Fortgewährung der Besoldung zu. Die Bewilligung, die Dauer und die Abgeltung des Erholungsurlaubs regelt die Bundesregierung durch Rechtsverordnung. Die Dauer des zusätzlichen Urlaubs für in das Ausland entsandte Beamtinnen und Beamte des Auswärtigen Dienstes regelt das Gesetz über den Auswärtigen Dienst.

-

§ 90 Urlaub aus anderen Anlässen, Mandatsträgerinnen und Mandatsträger

(1) Die Bundesregierung regelt durch Rechtsverordnung die Bewilligung von Urlaub aus anderen Anlässen und bestimmt, inwieweit die Besoldung während eines solchen Urlaubs fortbesteht.

(2) Stimmen Beamtinnen und Beamte ihrer Aufstellung als Bewerberinnen oder Bewerber für die Wahl zum Europäischen Parlament oder zum Deutschen Bundestag oder zu der gesetzgebenden Körperschaft eines Landes zu, ist ihnen auf Antrag innerhalb der letzten zwei Monate vor dem Wahltag der zur Vorbereitung ihrer Wahl erforderliche Urlaub unter Wegfall der Besoldung zu gewähren.

(3) Beamtinnen und Beamten, die in die gesetzgebende Körperschaft eines Landes gewählt worden sind und deren Rechte und Pflichten aus dem Beamtenverhältnis nicht nach § 40 Abs. 1 ruhen, ist zur Ausübung des Mandats auf Antrag

1.

 Teilzeit im Umfang von mindestens 30 Prozent der regelmäßigen Arbeitszeit zu bewilligen oder

2.

 ein Urlaub unter Wegfall der Besoldung zu gewähren.

Der Antrag soll jeweils für den Zeitraum von mindestens sechs Monaten gestellt werden. § 23 Abs. 5 des Abgeordnetengesetzes ist entsprechend anzuwenden. Auf Beamtinnen und Beamte, denen nach Satz 1 Nr. 2 Urlaub unter Wegfall der Besoldung gewährt wird, ist § 7 Abs. 1, 3 und 4 des Abgeordnetengesetzes entsprechend anzuwenden.

(4) Für die Tätigkeit als Mitglied einer kommunalen Vertretung, eines nach Kommunalverfassungsrecht gebildeten Ausschusses oder vergleichbarer Einrichtungen in Gemeindebezirken ist Beamtinnen und Beamten der erforderliche Urlaub unter Fortzahlung der Besoldung zu gewähren. Satz 1 gilt auch für die von einer kommunalen Vertretung gewählten ehrenamtlichen Mitglieder von Ausschüssen, die aufgrund eines Gesetzes gebildet worden sind.

-

§ 91 Teilzeit

(1) Beamtinnen und Beamten, die Anspruch auf Besoldung haben, kann auf Antrag Teilzeitbeschäftigung bis zur Hälfte der regelmäßigen Arbeitszeit und bis zur jeweils beantragten Dauer bewilligt werden, soweit dienstliche Belange dem nicht entgegenstehen.

(2) Dem Antrag nach Absatz 1 darf nur entsprochen werden, wenn die Beamtinnen und Beamten sich verpflichten, während des Bewilligungszeitraumes außerhalb des Beamtenverhältnisses berufliche Verpflichtungen nur in dem Umfang einzugehen, der den Vollzeitbeschäftigten für die Ausübung von Nebentätigkeiten gestattet ist. Ausnahmen hiervon sind nur zulässig, soweit dies mit dem Beamtenverhältnis vereinbar ist. Dabei ist von der regelmäßigen wöchentlichen Arbeitszeit ohne Rücksicht auf die Bewilligung von Teilzeitbeschäftigung auszugehen. Wird die Verpflichtung nach Satz 1 schuldhaft verletzt, soll die Bewilligung widerrufen werden.

(3) Die zuständige Dienstbehörde kann nachträglich die Dauer der Teilzeitbeschäftigung beschränken oder den Umfang der zu leistenden Arbeitszeit erhöhen, soweit zwingende dienstliche Belange dies erfordern. Sie soll eine Änderung des Umfangs der Teilzeitbeschäftigung oder den Übergang zur Vollzeitbeschäftigung zulassen, wenn der Beamtin oder dem Beamten die Teilzeitbeschäftigung im bisherigen Umfang nicht mehr zugemutet werden kann und dienstliche Belange dem nicht entgegenstehen.

-

§ 92 Familienbedingte Teilzeit und Beurlaubung

(1) Beamtinnen und Beamten, die Anspruch auf Besoldung haben, ist auf Antrag Urlaub ohne Besoldung oder Teilzeitbeschäftigung zu bewilligen,

1.
   wenn sie
   a)
      mindestens ein Kind unter 18 Jahren tatsächlich betreuen oder pflegen oder
   b)
      nach ärztlichem Gutachten oder durch Vorlage einer Bescheinigung der Pflegekasse oder des Medizinischen Dienstes der Krankenversicherung oder einer entsprechenden Bescheinigung einer privaten Pflegeversicherung eine pflegebedürftige sonstige Angehörige oder einen pflegebedürftigen sonstigen Angehörigen tatsächlich betreuen oder pflegen und

2.
   wenn zwingende dienstliche Belange der Bewilligung nicht entgegenstehen.

Teilzeitbeschäftigung mit weniger als der Hälfte der regelmäßigen Arbeitszeit und Urlaub ohne Besoldung dürfen auch zusammen eine Dauer von 15 Jahren nicht überschreiten. § 91 Absatz 3 Satz 1 gilt entsprechend.

(2) Die Dienststelle muss die Ablehnung von Anträgen im Einzelnen begründen. Bei Beamtinnen und Beamten im Schul- und Hochschuldienst kann der Bewilligungszeitraum bis zum Ende des laufenden Schulhalbjahres oder Semesters ausgedehnt werden. Der Antrag auf Verlängerung einer Beurlaubung ist spätestens sechs Monate vor Ablauf der genehmigten Beurlaubung zu stellen.

(3) Während einer Freistellung vom Dienst nach Absatz 1 dürfen nur solche Nebentätigkeiten genehmigt werden, die dem Zweck der Freistellung nicht zuwiderlaufen.

(4) Die zuständige Dienststelle kann eine Rückkehr aus dem Urlaub zulassen, wenn die Fortsetzung des Urlaubs nicht zumutbar ist und dienstliche Belange dem nicht entgegenstehen. Teilzeitbeschäftigte mit Familienpflichten, die eine Vollzeitbeschäftigung beantragen, und Beurlaubte mit Familienpflichten, die eine vorzeitige Rückkehr aus der Beurlaubung beantragen, müssen bei der Besetzung von Vollzeitstellen unter Beachtung des Leistungsprinzips und der Regelungen des Bundesgleichstellungsgesetzes vorrangig berücksichtigt werden.

(5) Während der Zeit der Beurlaubung nach Absatz 1 besteht ein Anspruch auf Leistungen der Krankheitsfürsorge in entsprechender Anwendung der Beihilferegelungen für Beamtinnen mit Anspruch auf Besoldung und Beamte mit Anspruch auf Besoldung. Dies gilt nicht, wenn die Beamtin oder der Beamte berücksichtigungsfähige Angehörige oder berücksichtigungsfähige Angehöriger einer oder eines Beihilfeberechtigten wird oder in der gesetzlichen Krankenversicherung nach § 10 Abs. 1 des Fünften Buches Sozialgesetzbuch versichert ist. Beamtinnen und Beamte, die die Voraussetzungen des § 3 Abs. 1 des Pflegezeitgesetzes erfüllen, erhalten für die Dauer der Pflegezeit nach § 4 des Pflegezeitgesetzes Leistungen entsprechend § 44a Abs. 1 des Elften Buches Sozialgesetzbuch.

(6) Die Dienststelle hat durch geeignete Maßnahmen den aus familiären Gründen Beurlaubten die Verbindung zum Beruf und den beruflichen Wiedereinstieg zu erleichtern. Dazu gehören das Angebot von Urlaubs- und Krankheitsvertretungen, ihre rechtzeitige Unterrichtung über das Fortbildungsprogramm und das Angebot der Teilnahme an der Fortbildung während oder nach der Beurlaubung. Die Teilnahme an einer Fortbildungsveranstaltung während der Beurlaubung begründet einen Anspruch auf bezahlte Dienstbefreiung nach Ende der Beurlaubung. Die Dauer der bezahlten Dienstbefreiung richtet sich nach der Dauer der Fortbildung. Mit den Beurlaubten sind rechtzeitig vor Ablauf einer Beurlaubung Beratungsgespräche zu führen, in denen sie über die Möglichkeiten ihrer Beschäftigung nach der Beurlaubung informiert werden.

-

§ 92a Familienpflegezeit

(1) Beamtinnen und Beamten, die Anspruch auf Besoldung haben, kann auf Antrag für die Dauer von längstens 48 Monaten Teilzeitbeschäftigung als Familienpflegezeit zur Pflege eines pflegebedürftigen nahen Angehörigen im Sinne des § 7 Absatz 3 des Pflegezeitgesetzes in häuslicher Umgebung bewilligt werden, es sei denn, dass dringende dienstliche Gründe entgegenstehen. Die Pflegebedürftigkeit ist durch Vorlage einer Bescheinigung der Pflegekasse oder des Medizinischen Dienstes der Krankenversicherung oder durch Vorlage einer entsprechenden Bescheinigung einer privaten Pflegeversicherung nachzuweisen.

(2) Die Bewilligung erfolgt mit der Maßgabe, dass

1.
   in einer Pflegephase von längstens 24 Monaten Dienst mit einer regelmäßigen wöchentlichen Arbeitszeit von mindestens 15 Stunden geleistet wird sowie

2.
   in einer Nachpflegephase, die genauso lange dauert wie die Pflegephase, Dienst mit einer Arbeitszeit geleistet wird, die mindestens der regelmäßigen wöchentlichen Arbeitszeit entspricht, die vor der Pflegephase geleistet worden ist.

Liegen die Voraussetzungen des Absatzes 1 für die Bewilligung der Familienpflegezeit nicht mehr vor, so ist die Bewilligung zu widerrufen, und zwar mit Ablauf des zweiten Monats, der auf den Wegfall der Voraussetzungen folgt. Die Beamtin oder der Beamte ist verpflichtet, jede Änderung der Tatsachen mitzuteilen, die für die Bewilligung maßgeblich sind. Ist der Beamtin oder dem Beamten die Teilzeitbeschäftigung im bisherigem Umfang nicht mehr zumutbar, ist die Bewilligung zu widerrufen, wenn dringende dienstliche Belange dem nicht entgegenstehen.

(3) Ist die Pflegephase der Familienpflegezeit für weniger als 24 Monate bewilligt worden, kann sie nachträglich bis zur Dauer von 24 Monaten verlängert werden, wenn die Voraussetzungen des Absatzes 1 und die Maßgaben des Absatzes 2 vorliegen. Falls die Nachpflegephase der Familienpflegezeit mit einer regelmäßigen wöchentlichen Arbeitszeit bewilligt worden ist, die höher ist als die Arbeitszeit vor Inanspruchnahme der Familienpflegezeit, so kann die Arbeitszeit nachträglich verringert werden. Die Arbeitszeit in der Nachpflegephase muss mindestens dem nach Absatz 2 Satz 1 Nummer 1 festgelegten Umfang entsprechen, wenn die Beamtin oder der Beamte darlegt, dass die Pflegebedürftigkeit des nahen Angehörigen dies erfordert. Eine neue Familienpflegezeit kann bei Vorliegen der Voraussetzungen des Absatzes 1 und der Maßgaben des Absatzes 2 erst im Anschluss an die Nachpflegephase bewilligt werden.

-

§ 93 Altersteilzeit

(1) Beamtinnen und Beamten, die Anspruch auf Besoldung haben, kann auf Antrag, der sich auf die Zeit bis zum Beginn des Ruhestands erstrecken muss, Teilzeitbeschäftigung als Altersteilzeit mit der Hälfte der bisherigen Arbeitszeit, höchstens der Hälfte der in den letzten zwei Jahren vor Beginn der Altersteilzeit durchschnittlich zu leistenden Arbeitszeit, bewilligt werden, wenn

1.
   a)
      sie das 60. Lebensjahr vollendet haben,
   b)
      das 55. Lebensjahr vollendet haben und zum Zeitpunkt der Antragstellung schwerbehindert im Sinne des § 2 Abs. 2 des Neunten Buches Sozialgesetzbuch sind oder
   c)
      das 55. Lebensjahr vollendet haben und in einem besonders festgelegten Stellenabbaubereich beschäftigt sind

und

2.
   sie in den letzten fünf Jahren vor Beginn der Altersteilzeit drei Jahre mindestens teilzeitbeschäftigt waren,

3.
   die Altersteilzeit vor dem 1. Januar 2010 beginnt und

4.
   dringende dienstliche Belange dem nicht entgegenstehen.

(2) Beamtinnen und Beamten kann Altersteilzeit in Form der Blockbildung im Sinne des § 9 der Arbeitszeitverordnung nach Maßgabe des Absatzes 1 bewilligt werden, wenn sie

1.
   das 60. Lebensjahr vollendet haben und bei vorheriger Teilzeitbeschäftigung die Zeiten der Freistellung von der Arbeit in der Weise zusammengefasst werden, dass zuvor mit mindestens der Hälfte der regelmäßigen Arbeitszeit, im Fall des § 92 Abs. 1, des § 92a oder bei Teilzeitbeschäftigung während der Elternzeit mindestens im Umfang der bisherigen Teilzeitbeschäftigung Dienst geleistet wird, wobei geringfügige Unterschreitungen des notwendigen Umfangs der Arbeitszeit unberücksichtigt bleiben, oder

34

2.

die Voraussetzungen des Absatzes 1 Nr. 1 Buchstabe c vorliegen.
Beamtinnen auf Lebenszeit und Beamte auf Lebenszeit, denen vor dem 1. Januar 2010 Altersteilzeitbeschäftigung in Form der Blockbildung im Sinne des § 9 der Arbeitszeitverordnung bewilligt worden ist, erreichen die Altersgrenze mit Vollendung des 65. Lebensjahres. Beim Ruhestand auf Antrag nach § 52 bleibt es bei der Altersgrenze nach § 42 Abs. 4 des Bundesbeamtengesetzes in der bis zum 11. Februar 2009 geltenden Fassung.
(3) Beamtinnen und Beamten, die Anspruch auf Besoldung haben, kann auf Antrag, Teilzeitbeschäftigung als Altersteilzeit mit der Hälfte der bisherigen Arbeitszeit, höchstens der Hälfte der in den letzten zwei Jahren vor Beginn der Altersteilzeit durchschnittlich zu leistenden Arbeitszeit bewilligt werden, wenn

1.

sie bei Beginn der Altersteilzeit das 60. Lebensjahr vollendet haben,

2.

sie in den letzten fünf Jahren vor Beginn der Altersteilzeit drei Jahre mindestens teilzeitbeschäftigt waren,

3.

die Altersteilzeit vor dem 1. Januar 2017 beginnt,

4.

sie in einem festgelegten Restrukturierungs- oder Stellenabbaubereich beschäftigt sind und

5.

dienstliche Belange dem nicht entgegenstehen.
Der Antrag muss sich auf die gesamte Zeit bis zum Eintritt in den Ruhestand erstrecken. Altersteilzeit nach Satz 1 kann auch im Blockmodell nach § 9 Absatz 2 der Arbeitszeitverordnung bewilligt werden.
(4) Beamtinnen und Beamten ist unter den Voraussetzungen des Absatzes 3 Satz 1 mit Ausnahme des Satzes 1 Nummer 4 und 5 Altersteilzeit im Rahmen einer Quote von 2,5 Prozent der Beamtinnen und Beamten der obersten Dienstbehörden einschließlich ihrer Geschäftsbereiche zu bewilligen. Die Bewilligung von Altersteilzeit ist ausgeschlossen, wenn diese Quote durch die Altersteilzeitverhältnisse nach Satz 1 und den Absätzen 1 bis 3 ausgeschöpft ist oder der Bewilligung dienstliche Belange entgegenstehen.
(5) Das Bundesministerium des Innern regelt im Einvernehmen mit dem Bundesministerium der Finanzen durch Rechtsverordnung die Einzelheiten der Altersteilzeitbewilligung, insbesondere die Festlegung der Restrukturierungs- und Stellenabbaubereiche nach Absatz 3 Satz 1 Nummer 4 und die Verteilung der Quote nach Absatz 4.
(6) Änderungen der regelmäßigen wöchentlichen Arbeitszeit nach den Arbeitszeitregelungen gelten für die zu leistende Arbeitszeit entsprechend.
(7) § 91 Abs. 2 gilt entsprechend.

-

§ 94 Hinweispflicht

Wird eine Verkürzung der Arbeitszeit oder eine langfristige Beurlaubung beantragt, sind die Beamtinnen und Beamten auf die Folgen verkürzter Arbeitszeit oder langfristiger Beurlaubungen hinzuweisen, insbesondere auf die Folgen für Ansprüche aufgrund beamtenrechtlicher Regelungen sowie auf die Möglichkeit einer Befristung mit Verlängerung und deren Folgen.

-

§ 95 Beurlaubung ohne Besoldung

(1) Beamtinnen und Beamten, die Anspruch auf Besoldung haben, kann in Bereichen, in denen wegen der Arbeitsmarktsituation ein außergewöhnlicher Überhang an Bewerberinnen und Bewerbern besteht und deshalb ein dringendes öffentliches Interesse daran besteht, verstärkt Bewerberinnen und Bewerber im öffentlichen Dienst zu beschäftigen, auf Antrag Urlaub ohne Besoldung

1.

bis zur Dauer von insgesamt sechs Jahren oder

2.

für einen Zeitraum, der sich bis zum Beginn des Ruhestands erstrecken muss
bewilligt werden, wenn dienstliche Belange dem nicht entgegenstehen.
(2) Beamtinnen und Beamten, die Anspruch auf Besoldung haben, kann in Bereichen, in denen ein Stellenüberhang abgebaut werden soll, auf Antrag Urlaub ohne Besoldung bewilligt werden, wenn dienstliche Belange dem nicht entgegenstehen.
(3) Dem Antrag nach den Absätzen 1 und 2 darf nur entsprochen werden, wenn die Beamtinnen und Beamten erklären, während der Dauer des Bewilligungszeitraums auf die Ausübung genehmigungspflichtiger Nebentätigkeiten zu verzichten und nicht genehmigungspflichtige Nebentätigkeiten nur in dem Umfang auszuüben, wie sie bei Vollzeitbeschäftigung ohne Verletzung dienstlicher Pflichten ausgeübt werden könnten. Wird diese Verpflichtung

schuldhaft verletzt, soll die Bewilligung widerrufen werden. Die zuständige Dienstbehörde darf trotz der Erklärung der Beamtinnen oder Beamten nach Satz 1 Nebentätigkeiten genehmigen, soweit sie dem Zweck der Bewilligung des Urlaubs nicht zuwiderlaufen. Sie kann eine Rückkehr aus dem Urlaub zulassen, wenn der Beamtin oder dem Beamten die Fortsetzung des Urlaubs nicht zugemutet werden kann und dienstliche Belange dem nicht entgegenstehen.

(4) Urlaub nach den Absätzen 1 und 2 darf, auch im Zusammenhang mit Urlaub oder Teilzeitbeschäftigung mit weniger als der Hälfte der regelmäßigen Arbeitszeit nach § 92 Abs. 1, die Dauer von 15 Jahren nicht überschreiten. Bei Beamtinnen im Schul- und Hochschuldienst und Beamten im Schul- und Hochschuldienst kann der Bewilligungszeitraum bis zum Ende des laufenden Schulhalbjahres oder Semesters ausgedehnt werden. In den Fällen des Absatzes 1 Nr. 2 ist Satz 1 nicht anzuwenden, wenn es den Beamtinnen und Beamten nicht mehr zuzumuten ist, zur Voll- oder Teilzeitbeschäftigung zurückzukehren.

(5) In den Fällen, in denen nach § 72e Abs. 1 Nr. 2 und Abs. 4 des Bundesbeamtengesetzes in der bis zum 11. Februar 2009 geltenden Fassung Urlaub ohne Dienstbezüge bis zum Beginn des Ruhestands bewilligt worden ist, gilt § 93 Abs. 2 Satz 2 entsprechend.

–

§ 96 Fernbleiben vom Dienst

(1) Beamtinnen und Beamte dürfen dem Dienst nicht ohne Genehmigung ihrer Dienstvorgesetzten fernbleiben. Dienstunfähigkeit infolge von Krankheit ist auf Verlangen nachzuweisen.

(2) Verliert die Beamtin oder der Beamte wegen unentschuldigten Fernbleibens vom Dienst nach dem Bundesbesoldungsgesetz den Anspruch auf Besoldung, wird dadurch die Durchführung eines Disziplinarverfahrens nicht ausgeschlossen.

Unterabschnitt 3
Nebentätigkeit

–

§ 97 Begriffsbestimmungen

(1) Nebentätigkeit ist die Wahrnehmung eines Nebenamtes oder die Ausübung einer Nebenbeschäftigung.

(2) Nebenamt ist ein nicht zu einem Hauptamt gehörender Kreis von Aufgaben, der aufgrund eines öffentlich-rechtlichen Dienst- oder Amtsverhältnisses wahrgenommen wird.

(3) Nebenbeschäftigung ist jede sonstige, nicht zu einem Hauptamt gehörende Tätigkeit innerhalb oder außerhalb des öffentlichen Dienstes.

(4) Als Nebentätigkeit gilt nicht die Wahrnehmung öffentlicher Ehrenämter sowie einer unentgeltlichen Vormundschaft, Betreuung oder Pflegschaft.

–

§ 98 Nebentätigkeit im öffentlichen Dienst

Beamtinnen und Beamte sind verpflichtet, auf Verlangen ihrer Dienstbehörde eine Nebentätigkeit im öffentlichen Dienst auszuüben, sofern diese Tätigkeit ihrer Vorbildung oder Berufsausbildung entspricht und sie nicht über Gebühr in Anspruch nimmt.

–

§ 99 Genehmigungspflichtige Nebentätigkeiten

(1) Beamtinnen und Beamte bedürfen zur Ausübung jeder entgeltlichen Nebentätigkeit, mit Ausnahme der in § 100 Abs. 1 abschließend aufgeführten, der vorherigen Genehmigung, soweit sie nicht nach § 98 zu ihrer Ausübung verpflichtet sind. Gleiches gilt für folgende unentgeltliche Nebentätigkeiten:

1.

   Wahrnehmung eines Nebenamtes,

2.
gewerbliche oder freiberufliche Tätigkeiten oder die Mitarbeit bei einer dieser Tätigkeiten und
3.
Eintritt in ein Organ eines Unternehmens mit Ausnahme einer Genossenschaft.
(2) Die Genehmigung ist zu versagen, wenn zu besorgen ist, dass durch die Nebentätigkeit dienstliche Interessen beeinträchtigt werden. Ein solcher Versagungsgrund liegt insbesondere vor, wenn die Nebentätigkeit

1.
nach Art und Umfang die Arbeitskraft so stark in Anspruch nimmt, dass die ordnungsgemäße Erfüllung der dienstlichen Pflichten behindert werden kann,
2.
die Beamtin oder den Beamten in einen Widerstreit mit den dienstlichen Pflichten bringen kann,
3.
in einer Angelegenheit ausgeübt wird, in der die Behörde, der die Beamtin oder der Beamte angehört, tätig wird oder tätig werden kann,
4.
die Unparteilichkeit oder Unbefangenheit der Beamtin oder des Beamten beeinflussen kann,
5.
zu einer wesentlichen Einschränkung der künftigen dienstlichen Verwendbarkeit der Beamtin oder des Beamten führen kann oder
6.
dem Ansehen der öffentlichen Verwaltung abträglich sein kann.
Ein solcher Versagungsgrund liegt in der Regel auch vor, wenn sich die Nebentätigkeit wegen gewerbsmäßiger Dienst- oder Arbeitsleistung oder sonst nach Art, Umfang, Dauer oder Häufigkeit als Ausübung eines Zweitberufs darstellt.
(3) Die Voraussetzung des Absatzes 2 Satz 2 Nr. 1 gilt in der Regel als erfüllt, wenn die zeitliche Beanspruchung durch eine oder mehrere Nebentätigkeiten in der Woche ein Fünftel der regelmäßigen wöchentlichen Arbeitszeit überschreitet. Bei begrenzter Dienstfähigkeit ist ein Fünftel der nach § 45 Abs. 2 Satz 1 verkürzten Arbeitszeit zugrunde zu legen. Soweit der Gesamtbetrag der Vergütung für eine oder mehrere Nebentätigkeiten 40 Prozent des jährlichen Endgrundgehalts des Amtes der Beamtin oder des Beamten übersteigt, liegt ein Versagungsgrund vor. Die Dienstbehörde kann Ausnahmen zulassen, wenn die Beamtin oder der Beamte durch Angabe bestimmter Tatsachen nachweist, dass die zeitliche Beanspruchung ein Fünftel der regelmäßigen wöchentlichen Arbeitszeit nicht übersteigt oder die Versagung unter Berücksichtigung der Umstände des Einzelfalls nicht angemessen wäre. Bei Anwendung der Sätze 1 bis 4 sind genehmigungs- und anzeigepflichtige Nebentätigkeiten zusammen zu berücksichtigen.
(4) Die Genehmigung ist auf längstens fünf Jahre zu befristen. Sie kann mit Auflagen und Bedingungen versehen werden. Ergibt sich eine Beeinträchtigung dienstlicher Interessen nach Erteilung der Genehmigung, ist diese zu widerrufen.
(5) Die Genehmigung erteilt die oberste Dienstbehörde. Sie kann diese Zuständigkeit auf nachgeordnete Behörden übertragen. Anträge auf Erteilung einer Genehmigung sowie Entscheidungen über diese Anträge bedürfen der Schriftform. Die Beamtin oder der Beamte hat dabei die für die Entscheidung erforderlichen Nachweise zu führen, insbesondere über Art und Umfang der Nebentätigkeit sowie die Entgelte und geldwerten Vorteile hieraus. Jede Änderung ist unverzüglich schriftlich anzuzeigen.

-

§ 100 Nicht genehmigungspflichtige Nebentätigkeiten

(1) Nicht genehmigungspflichtig sind

1.
die Verwaltung eigenen oder der Nutznießung der Beamtin oder des Beamten unterliegenden Vermögens,
2.
schriftstellerische, wissenschaftliche, künstlerische oder Vortragstätigkeiten,
3.
mit Lehr- oder Forschungsaufgaben zusammenhängende selbstständige Gutachtertätigkeiten von Lehrerinnen und Lehrern an öffentlichen Hochschulen und an Hochschulen der Bundeswehr sowie von Beamtinnen und Beamten an wissenschaftlichen Instituten und Anstalten und
4.
Tätigkeiten zur Wahrung von Berufsinteressen in Gewerkschaften oder Berufsverbänden oder in Selbsthilfeeinrichtungen der Beamtinnen und Beamten.
(2) Tätigkeiten nach Absatz 1 Nr. 2 und 3 sowie eine Tätigkeit in Selbsthilfeeinrichtungen nach Absatz 1 Nr. 4 sind der Dienstbehörde schriftlich vor ihrer Aufnahme anzuzeigen, wenn für sie ein Entgelt oder ein geldwerter Vorteil geleistet wird. Hierbei sind insbesondere Art und Umfang der Nebentätigkeit sowie die voraussichtliche Höhe der Entgelte und geldwerten Vorteile anzugeben. Jede Änderung ist unverzüglich schriftlich mitzuteilen.
(3) Die Dienstbehörde kann aus begründetem Anlass verlangen, dass über eine ausgeübte nicht genehmigungspflichtige Nebentätigkeit schriftlich Auskunft erteilt wird, insbesondere über deren Art und Umfang.

(4) Eine nicht genehmigungspflichtige Nebentätigkeit ist ganz oder teilweise zu untersagen, wenn die Beamtin oder der Beamte bei ihrer Ausübung dienstliche Pflichten verletzt.

-

§ 101 Ausübung von Nebentätigkeiten

(1) Nebentätigkeiten dürfen nur außerhalb der Arbeitszeit ausgeübt werden, es sei denn, sie werden auf Verlangen der oder des Dienstvorgesetzten ausgeübt oder es besteht ein dienstliches Interesse an der Ausübung der Nebentätigkeit. Das dienstliche Interesse ist aktenkundig zu machen. Ausnahmen dürfen nur in besonders begründeten Fällen, insbesondere im öffentlichen Interesse, auf schriftlichen Antrag zugelassen werden, wenn dienstliche Gründe dem nicht entgegenstehen und die versäumte Arbeitszeit nachgeleistet wird.

(2) Bei der Ausübung von Nebentätigkeiten dürfen Einrichtungen, Personal oder Material des Dienstherrn nur bei Vorliegen eines öffentlichen oder wissenschaftlichen Interesses mit dessen Genehmigung und gegen Entrichtung eines angemessenen Entgelts in Anspruch genommen werden. Das Entgelt ist nach den dem Dienstherrn entstehenden Kosten zu bemessen und muss den besonderen Vorteil berücksichtigen, der der Beamtin oder dem Beamten durch die Inanspruchnahme entsteht.

-

§ 102 Regressanspruch für die Haftung aus angeordneter Nebentätigkeit

Beamtinnen und Beamte, die aus einer auf Verlangen, Vorschlag oder Veranlassung der oder des Dienstvorgesetzten ausgeübten Tätigkeit im Vorstand, Aufsichtsrat, Verwaltungsrat oder in einem sonstigen Organ einer Gesellschaft, Genossenschaft oder eines in einer anderen Rechtsform betriebenen Unternehmens haftbar gemacht werden, haben gegen den Dienstherrn Anspruch auf Ersatz des ihnen entstandenen Schadens. Ist der Schaden vorsätzlich oder grob fahrlässig herbeigeführt, ist der Dienstherr nur dann ersatzpflichtig, wenn die Beamtin oder der Beamte auf Verlangen der oder des Vorgesetzten gehandelt hat.

-

§ 103 Erlöschen der mit dem Hauptamt verbundenen Nebentätigkeit

Endet das Beamtenverhältnis, enden, wenn im Einzelfall nichts anderes bestimmt wird, auch die Nebenämter und Nebenbeschäftigungen, die im Zusammenhang mit dem Hauptamt übertragen sind oder die auf Verlangen, Vorschlag oder Veranlassung der oder des Dienstvorgesetzten ausgeübt worden sind.

-

§ 104 Erlass ausführender Rechtsverordnungen

Die zur Ausführung der §§ 97 bis 103 notwendigen weiteren Vorschriften zu Nebentätigkeiten von Beamtinnen und Beamten erlässt die Bundesregierung durch Rechtsverordnung. In ihr kann bestimmt werden,

1.

welche Tätigkeiten als öffentlicher Dienst im Sinne dieser Vorschriften anzusehen sind oder ihm gleichstehen,

2.

ob und inwieweit eine im öffentlichen Dienst ausgeübte oder auf Verlangen, Vorschlag oder Veranlassung der oder des Dienstvorgesetzten ausgeübte Nebentätigkeit vergütet wird oder eine Vergütung abzuführen ist,

3.

unter welchen Voraussetzungen die Beamtin oder der Beamte zur Ausübung von Nebentätigkeiten Einrichtungen, Personal oder Material des Dienstherrn in Anspruch nehmen darf und in welcher Höhe hierfür ein Entgelt an den Dienstherrn zu entrichten ist; das Entgelt kann pauschaliert in einem Prozentsatz des aus der Nebentätigkeit erzielten Bruttoeinkommens festgelegt werden und bei unentgeltlich ausgeübter Nebentätigkeit entfallen,

4.

dass die Beamtin oder der Beamte verpflichtet werden kann, nach Ablauf eines jeden Kalenderjahres der oder dem Dienstvorgesetzten die ihr oder ihm zugeflossenen Entgelte und geldwerten Vorteile aus Nebentätigkeiten anzugeben.

§ 105 Anzeigepflicht nach Beendigung des Beamtenverhältnisses

(1) Ruhestandsbeamtinnen, Ruhestandsbeamte, frühere Beamtinnen mit Versorgungsbezügen und frühere Beamte mit Versorgungsbezügen haben eine Erwerbstätigkeit oder sonstige Beschäftigung außerhalb des öffentlichen Dienstes, die mit ihrer dienstlichen Tätigkeit in den letzten fünf Jahren vor Beendigung des Beamtenverhältnisses im Zusammenhang steht und durch die dienstliche Interessen beeinträchtigt werden können, vor ihrer Aufnahme schriftlich anzuzeigen. Die Anzeigepflicht endet, wenn die Beamtinnen und Beamten mit Erreichen der Regelaltersgrenze in den Ruhestand treten, drei Jahre, im Übrigen fünf Jahre nach Beendigung des Beamtenverhältnisses. Die Sätze 1 und 2 gelten auch für frühere Beamtinnen mit Anspruch auf Altersgeld und frühere Beamte mit Anspruch auf Altersgeld.
(2) Die Erwerbstätigkeit oder sonstige Beschäftigung ist zu untersagen, soweit zu besorgen ist, dass durch sie dienstliche Interessen beeinträchtigt werden. Die Untersagung ist für den Zeitraum bis zum Ende der Anzeigepflicht auszusprechen, es sei denn, die Voraussetzungen für eine Untersagung liegen nur für einen kürzeren Zeitraum vor.
(3) Zuständig ist die letzte oberste Dienstbehörde. Sie kann ihre Zuständigkeit auf nachgeordnete Behörden übertragen.

Unterabschnitt 4
Personalaktenrecht

§ 106 Personalakte

(1) Für jede Beamtin und jeden Beamten ist eine Personalakte zu führen. Sie ist vertraulich zu behandeln und durch technische und organisatorische Maßnahmen vor unbefugter Einsichtnahme zu schützen. Die Akte kann in Teilen oder vollständig automatisiert geführt werden. Zur Personalakte gehören alle Unterlagen, die die Beamtin oder den Beamten betreffen, soweit sie mit ihrem oder seinem Dienstverhältnis in einem unmittelbaren inneren Zusammenhang stehen (Personalaktendaten). Andere Unterlagen dürfen in die Personalakte nicht aufgenommen werden. Nicht Bestandteil der Personalakte sind Unterlagen, die besonderen, von der Person und dem Dienstverhältnis sachlich zu trennenden Zwecken dienen, insbesondere Prüfungs-, Sicherheits- und Kindergeldakten. Kindergeldakten können mit Besoldungs- und Versorgungsakten verbunden geführt werden, wenn diese von der übrigen Personalakte getrennt sind und von einer von der Personalverwaltung getrennten Organisationseinheit bearbeitet werden.
(2) Die Personalakte kann nach sachlichen Gesichtspunkten in Grundakte und Teilakten gegliedert werden. Teilakten können bei der für den betreffenden Aufgabenbereich zuständigen Behörde geführt werden. Nebenakten (Unterlagen, die sich auch in der Grundakte oder in Teilakten befinden) dürfen nur geführt werden, wenn die personalverwaltende Behörde nicht zugleich Beschäftigungsbehörde ist oder wenn mehrere personalverwaltende Behörden für die Beamtin oder den Beamten zuständig sind; sie dürfen nur solche Unterlagen enthalten, deren Kenntnis zur rechtmäßigen Aufgabenerledigung der betreffenden Behörde erforderlich ist. In die Grundakte ist ein vollständiges Verzeichnis aller Teil- und Nebenakten aufzunehmen. Wird die Personalakte nicht vollständig in Schriftform oder vollständig automatisiert geführt, legt die personalverwaltende Stelle jeweils schriftlich fest, welche Teile in welcher Form geführt werden und nimmt dies in das Verzeichnis nach Satz 4 auf.
(3) Personalaktendaten dürfen nur für Zwecke der Personalverwaltung oder Personalwirtschaft verwendet werden, es sei denn, die Beamtin oder der Beamte willigt in die anderweitige Verwendung ein. Eine Verwendung für andere als die in Satz 1 genannten Zwecke liegt nicht vor, wenn Personalaktendaten ausschließlich für Zwecke der Datenschutzkontrolle verwendet werden. Gleiches gilt, soweit im Rahmen der Datensicherung oder der Sicherung des ordnungsgemäßen Betriebes eines Datenverarbeitungssystems eine nach dem Stand der Technik nicht oder nur mit unverhältnismäßigem Aufwand zu vermeidende Kenntnisnahme von Personalaktendaten erfolgt.
(4) Der Dienstherr darf personenbezogene Daten über Bewerberinnen, Bewerber, Beamtinnen und Beamte sowie über ehemalige Beamtinnen und ehemalige Beamte nur erheben, soweit dies zur Begründung, Durchführung, Beendigung oder Abwicklung des Dienstverhältnisses oder zur Durchführung organisatorischer, personeller oder sozialer Maßnahmen, insbesondere zu Zwecken der Personalplanung oder des Personaleinsatzes, erforderlich ist oder eine Rechtsvorschrift dies erlaubt.

§ 107 Zugang zur Personalakte

(1) Zugang zur Personalakte dürfen nur Beschäftigte haben, die im Rahmen der Personalverwaltung mit der Bearbeitung von Personalangelegenheiten beauftragt sind, und nur soweit dies zu Zwecken der Personalverwaltung oder der Personalwirtschaft erforderlich ist. Zugang zu Personalaktendaten darf auch Beschäftigten, die Aufgaben des ärztlichen Dienstes wahrnehmen, gewährt werden, soweit die Kenntnis der Daten zur Erfüllung ihrer Aufgaben erforderlich ist. Zugang zu entscheidungsrelevanten Teilen der Personalakte haben auch Gleichstellungsbeauftragte, soweit dies zur Wahrnehmung ihrer Aufgaben erforderlich ist.
(2) Auf Verlangen ist Beauftragten für den Datenschutz nach § 4f des Bundesdatenschutzgesetzes Zugang zur Personalakte zu gewähren. Zugang haben ferner die mit Angelegenheiten der Innenrevision beauftragten Beschäftigten, soweit sie die zur Durchführung ihrer Aufgaben erforderlichen Erkenntnisse nur auf diesem Weg und nicht durch Auskunft aus der Personalakte gewinnen können. Jede Einsichtnahme nach Satz 2 ist aktenkundig zu machen.

-

§ 108 Beihilfeakte

(1) Unterlagen über Beihilfen sind als Teilakte zu führen. Diese ist von der übrigen Personalakte getrennt aufzubewahren. Sie soll in einer von der übrigen Personalverwaltung getrennten Organisationseinheit bearbeitet werden. Zugang sollen nur Beschäftigte dieser Organisationseinheit haben.
(2) Personenbezogene Daten dürfen für Beihilfezwecke erhoben und verwendet werden, soweit die Daten für diese Zwecke erforderlich sind; Näheres regelt die Rechtsverordnung nach § 80 Absatz 4. Für andere Zwecke dürfen personenbezogene Daten aus der Beihilfeakte nur verwendet werden, wenn

1.

    sie erforderlich sind

    a)

        für die Einleitung oder Durchführung eines im Zusammenhang mit einem Beihilfeantrag stehenden behördlichen oder gerichtlichen Verfahrens,

    b)

        zur Abwehr erheblicher Nachteile für das Gemeinwohl, einer sonst unmittelbar drohenden Gefahr für die öffentliche Sicherheit oder einer schwerwiegenden Beeinträchtigung der Rechte einer anderen Person oder

2.

    die betroffene Person im Einzelfall eingewilligt hat.
(3) Die Absätze 1 und 2 gelten entsprechend für Unterlagen über Heilfürsorge und Heilverfahren.
(4) Personenbezogene Daten aus der Beihilfeakte dürfen ohne Einwilligung der betroffenen Person genutzt oder an eine andere Behörde übermittelt werden, soweit sie für die Festsetzung und Berechnung der Besoldung oder Versorgung oder für die Prüfung der Kindergeldberechtigung erforderlich sind. Dies gilt auch für Daten aus der Besoldungsakte und der Versorgungsakte, soweit sie für die Festsetzung und Berechnung der Beihilfe erforderlich sind.
(5) Die Beihilfebearbeitung sowie die Führung der Beihilfeakte können mit Zustimmung der obersten Dienstbehörde auf eine andere Stelle des Bundes übertragen werden. Dieser Stelle dürfen personenbezogene Daten, einschließlich Gesundheitsangaben, übermittelt werden, soweit deren Kenntnis für die Beihilfebearbeitung erforderlich ist. Die Absätze 1 bis 3 sind für diese Stelle anzuwenden.

-

§ 109 Anhörungspflicht

Beamtinnen und Beamte sind zu Beschwerden, Behauptungen und Bewertungen, die für sie ungünstig sind oder ihnen nachteilig werden können, vor deren Aufnahme in die Personalakte zu hören, soweit die Anhörung nicht nach anderen Rechtsvorschriften erfolgt. Ihre Äußerungen sind zur Personalakte zu nehmen.

-

§ 110 Einsichtsrecht

(1) Beamtinnen und Beamte haben, auch nach Beendigung des Beamtenverhältnisses, ein Recht auf Einsicht in ihre vollständige Personalakte.
(2) Bevollmächtigten der Beamtin oder des Beamten ist Einsicht zu gewähren, soweit dienstliche Gründe dem nicht entgegenstehen. Entsprechendes gilt für Hinterbliebene und deren Bevollmächtigte, wenn ein berechtigtes Interesse

glaubhaft gemacht wird. Für Auskünfte aus der Personalakte gelten die Sätze 1 und 2 entsprechend.

(3) Die personalaktenführende Behörde bestimmt, wo die Einsicht gewährt wird. Soweit dienstliche Gründe dem nicht entgegenstehen, können Auszüge, Abschriften, Kopien oder Ausdrucke gefertigt werden. Der Beamtin oder dem Beamten ist auf Verlangen ein Ausdruck der zu ihrer oder seiner Person automatisiert gespeicherten Personalaktendaten zu überlassen.

(4) Beamtinnen und Beamte haben ein Recht auf Einsicht auch in andere Akten, die personenbezogene Daten über sie enthalten und für ihr Dienstverhältnis verwendet werden, soweit gesetzlich nichts anderes bestimmt ist. Dies gilt nicht für Sicherheitsakten. Die Einsichtnahme ist unzulässig, wenn die Daten der oder des Betroffenen mit Daten Dritter oder geheimhaltungsbedürftigen nicht personenbezogenen Daten derart verbunden sind, dass ihre Trennung nicht oder nur mit unverhältnismäßig großem Aufwand möglich ist. In diesem Fall ist der Beamtin oder dem Beamten Auskunft zu erteilen.

-

§ 111 Vorlage von Personalakten und Auskünfte an Dritte

(1) Ohne Einwilligung der Beamtin oder des Beamten ist es zulässig, die Personalakte der obersten Dienstbehörde oder einer im Rahmen der Dienstaufsicht weisungsbefugten Behörde vorzulegen, soweit dies für Zwecke der Personalverwaltung oder Personalwirtschaft erforderlich ist. Das Gleiche gilt für Behörden desselben Geschäftsbereichs, soweit die Vorlage zur Vorbereitung oder Durchführung einer Personalentscheidung notwendig ist, sowie für Behörden eines anderen Geschäftsbereichs desselben Dienstherrn, soweit diese an einer Personalentscheidung mitzuwirken haben. Einer Ärztin oder einem Arzt, die oder der im Auftrag der personalverwaltenden Behörde ein medizinisches Gutachten erstellt, darf die Personalakte ebenfalls ohne Einwilligung vorgelegt werden. Für Auskünfte aus der Personalakte gelten die Sätze 1 bis 3 entsprechend. Soweit eine Auskunft ausreicht, ist von einer Vorlage abzusehen.

(2) Soweit die personalverwaltende Behörde Aufgaben, die ihr gegenüber ihren Beschäftigten obliegen, einer anderen öffentlichen Stelle zur selbständigen Bearbeitung übertragen hat, darf sie dieser Stelle die zur Erfüllung der Aufgaben erforderlichen Personalaktendaten übermitteln.

(3) Auskünfte an Dritte dürfen nur mit Einwilligung der Beamtin oder des Beamten erteilt werden, es sei denn, dass die Abwehr einer erheblichen Beeinträchtigung des Gemeinwohls oder der Schutz berechtigter, höherrangiger Interessen der oder des Dritten die Auskunftserteilung zwingend erfordert. Die Auskunft ist auf den jeweils erforderlichen Umfang zu beschränken. Inhalt und Empfängerin oder Empfänger der Auskunft sind der Beamtin oder dem Beamten schriftlich mitzuteilen.

-

§ 111a Erhebung und Verwendung von Personalaktendaten im Auftrag

(1) Die Erhebung und Verwendung von Personalaktendaten im Auftrag der personalverwaltenden Behörde ist nur zulässig,

1.
    soweit sie erforderlich ist
    a)
        für die Bewilligung, Festsetzung oder Zahlbarmachung von Geldleistungen,
    b)
        für die automatisierte Erledigung von Aufgaben oder
    c)
        zur Durchführung bestimmter ärztlicher Untersuchungen, die für die Erfüllung der Aufgaben des ärztlichen Dienstes erforderlich sind, und
2.
    wenn der Auftraggeber die Einhaltung der beamten- und datenschutzrechtlichen Vorschriften durch den Auftragnehmer regelmäßig kontrolliert.

(2) Die Auftragserteilung bedarf der vorherigen Zustimmung der obersten Dienstbehörde. Zu diesem Zweck hat der Auftraggeber der obersten Dienstbehörde rechtzeitig vor der Auftragserteilung schriftlich mitzuteilen:

1.
    den Auftragnehmer, die von diesem getroffenen technischen und organisatorischen Maßnahmen und die ergänzenden Festlegungen nach Absatz 3,
2.
    die Aufgabe, zu deren Erfüllung der Auftragnehmer die Daten erheben oder verwenden soll,
3.
    die Art der Daten, die für den Auftraggeber erhoben oder verwendet werden sollen, und den Kreis der Beschäftigten, auf den sich diese Daten beziehen, sowie
4.

41

die beabsichtigte Erteilung von Unteraufträgen durch den Auftragnehmer.

Ist der Auftragnehmer eine öffentliche Stelle, gelten für ihn die Sätze 1 und 2 mit der Maßgabe entsprechend, dass die Mitteilung an die für diese Stelle zuständige oberste Bundesbehörde zu richten ist.

(3) In dem Auftrag nach § 11 Absatz 2 Satz 2 des Bundesdatenschutzgesetzes ist festzulegen, dass die Kontrollrechte des behördlichen Datenschutzbeauftragten der Stelle auch gegenüber dem Auftragnehmer bestehen. Soweit der Auftragnehmer eine nichtöffentliche Stelle ist, ist auch festzulegen, dass der Auftragnehmer eine Kontrolle durch den oder die Bundesbeauftragten für den Datenschutz und die Informationsfreiheit nach den §§ 21 und 24 bis 26 Absatz 1 bis 4 des Bundesdatenschutzgesetzes zu dulden hat.

(4) Eine nichtöffentliche Stelle darf nur beauftragt werden, wenn

1.

  beim Auftraggeber sonst Störungen im Geschäftsablauf auftreten können oder der Auftragnehmer die übertragenen Aufgaben erheblich kostengünstiger erledigen kann und

2.

  die beim Auftragnehmer mit der Datenverarbeitung beauftragten Beschäftigten besonders auf den Schutz der Personalaktendaten verpflichtet sind.

(5) Der Auftragnehmer darf die Daten nur im Rahmen der Weisungen des Auftraggebers erheben oder verwenden. Ist er der Ansicht, dass eine Weisung des Auftraggebers gegen dieses Gesetz oder andere Vorschriften über den Datenschutz verstößt, hat er den Auftraggeber unverzüglich darauf hinzuweisen. Der Auftragnehmer darf die Daten nur für die im Auftrag festgelegten Zwecke verwenden und nur für die im Auftrag festgelegte Dauer speichern.

(6) Die Rechte der betroffen Person nach dem Bundesdatenschutzgesetz sind gegenüber dem Auftraggeber geltend zu machen.

(7) Unteraufträge dürfen nur mit vorheriger Zustimmung des Auftraggebers erteilt werden.

-

§ 112 Entfernung von Unterlagen

(1) Unterlagen über Beschwerden, Behauptungen und Bewertungen, auf die § 16 Abs. 3 und 4 Satz 1 des Bundesdisziplinargesetzes nicht anzuwenden ist, sind,

1.

  falls sie sich als unbegründet oder falsch erwiesen haben, mit Zustimmung der Beamtin oder des Beamten unverzüglich aus der Personalakte zu entfernen und zu vernichten, oder

2.

  falls sie für die Beamtin oder den Beamten ungünstig sind oder ihr oder ihm nachteilig werden können, auf Antrag nach zwei Jahren zu entfernen und zu vernichten; dies gilt nicht für dienstliche Beurteilungen.

Die Frist nach Satz 1 Nr. 2 wird durch erneute Sachverhalte im Sinne dieser Vorschrift oder durch die Einleitung eines Straf- oder Disziplinarverfahrens unterbrochen. Stellt sich der erneute Vorwurf als unbegründet oder falsch heraus, gilt die Frist als nicht unterbrochen.

(2) Mitteilungen in Strafsachen, soweit sie nicht Bestandteil einer Disziplinarakte sind, sowie Auskünfte aus dem Bundeszentralregister sind mit Zustimmung der Beamtin oder des Beamten nach zwei Jahren zu entfernen und zu vernichten. Absatz 1 Satz 2 und 3 gilt entsprechend.

-

§ 113 Aufbewahrungsfrist

(1) Personalakten sind nach ihrem Abschluss von der personalaktenführenden Behörde fünf Jahre aufzubewahren. Personalakten sind abgeschlossen,

1.

  wenn die Beamtin oder der Beamte ohne Versorgungsansprüche aus dem öffentlichen Dienst ausgeschieden ist, mit Ablauf des Jahres des Erreichens der Regelaltersgrenze, in den Fällen des § 41 oder des § 10 des Bundesdisziplinargesetzes jedoch erst, wenn mögliche Versorgungsempfängerinnen und Versorgungsempfänger nicht mehr vorhanden sind,

2.

  wenn die Beamtin oder der Beamte ohne versorgungsberechtigte oder altersgeldberechtigte Hinterbliebene verstorben ist, mit Ablauf des Todesjahres, oder

3.

  wenn nach dem Tod der Beamtin oder des Beamten versorgungsberechtigte oder altersgeldberechtigte Hinterbliebene vorhanden sind, mit Ablauf des Jahres, in dem die letzte Versorgungsverpflichtung entfallen ist.

Kann der nach Satz 2 Nr. 2 und 3 maßgebliche Zeitpunkt nicht festgestellt werden, ist § 5 Abs. 2 Satz 2 des Bundesarchivgesetzes entsprechend anzuwenden.

(2) Unterlagen über Beihilfen, Heilfürsorge, Heilverfahren, Unterstützungen, Erkrankungen, Umzugs- und Reisekosten sind fünf Jahre, Unterlagen über Erholungsurlaub sind drei Jahre nach Ablauf des Jahres aufzubewahren, in dem die Bearbeitung des einzelnen Vorgangs abgeschlossen wurde. Für zahlungsbegründende Unterlagen nach Satz 1 beträgt die Aufbewahrungsfrist sechs Jahre. Unterlagen, aus denen die Art einer Erkrankung ersichtlich ist, sind unverzüglich zurückzugeben oder zu vernichten, wenn sie für den Zweck, zu dem sie vorgelegt worden sind, nicht mehr benötigt werden. Als Zweck, zu dem die Unterlagen vorgelegt worden sind, gelten auch Verfahren, mit denen Rabatte oder Erstattungen geltend gemacht werden.

(3) Versorgungsakten und Altersgeldakten sind zehn Jahre nach Ablauf des Jahres aufzubewahren, in dem die letzte Versorgungszahlung oder Altersgeld- oder Hinterbliebenenaltersgeldzahlung geleistet worden ist. Besteht die Möglichkeit eines Wiederauflebens des Anspruchs, sind die Akten 30 Jahre aufzubewahren.

(4) Die Personalakten sind nach Ablauf der Aufbewahrungsfrist zu vernichten, sofern sie nicht nach § 2 des Bundesarchivgesetzes vom Bundesarchiv oder einem Landesarchiv übernommen werden.

–

§ 114 Automatisierte Verarbeitung von Personalaktendaten

(1) Personalaktendaten dürfen nur für Zwecke der Personalverwaltung oder der Personalwirtschaft automatisiert verarbeitet werden. Ihre Übermittlung ist nur nach Maßgabe des § 111 zulässig. Ein automatisierter Datenabruf durch andere Behörden ist unzulässig, soweit durch besondere Rechtsvorschrift nichts anderes bestimmt ist.

(2) Personalaktendaten im Sinne des § 108 dürfen nur im Rahmen ihrer Zweckbestimmung und nur von den übrigen Personaldateien technisch und organisatorisch getrennt automatisiert verarbeitet werden.

(3) Von den Unterlagen über medizinische oder psychologische Untersuchungen und Tests dürfen im Rahmen der Personalverwaltung nur die Ergebnisse automatisiert verarbeitet werden, soweit sie die Eignung betreffen und ihre Verwendung dem Schutz der Beamtin oder des Beamten dient.

(4) Beamtenrechtliche Entscheidungen dürfen nicht ausschließlich auf eine automatisierte Verarbeitung personenbezogener Daten gestützt werden, die der Bewertung einzelner Persönlichkeitsmerkmale dienen.

(5) Bei erstmaliger Speicherung ist der Beamtin oder dem Beamten die Art der zu ihrer oder seiner Person nach Absatz 1 gespeicherten Daten mitzuteilen, bei wesentlichen Änderungen sind sie zu benachrichtigen. Ferner sind die Verarbeitungs- und Nutzungsformen automatisierter Personalverwaltungsverfahren zu dokumentieren und einschließlich des jeweiligen Verwendungszweckes sowie der regelmäßigen Empfänger und des Inhalts automatisierter Datenübermittlung allgemein bekannt zu geben.

–

§ 115 Übermittlungen in Strafverfahren

(1) Das Gericht, die Strafverfolgungs- oder die Strafvollstreckungsbehörde hat in Strafverfahren gegen Beamtinnen und Beamte zur Sicherstellung der erforderlichen dienstrechtlichen Maßnahmen im Fall der Erhebung der öffentlichen Klage

1.
    die Anklageschrift oder eine an ihre Stelle tretende Antragsschrift,
2.
    den Antrag auf Erlass eines Strafbefehls und
3.
    die einen Rechtszug abschließende Entscheidung mit Begründung

zu übermitteln. Ist gegen die Entscheidung ein Rechtsmittel eingelegt worden, ist die Entscheidung unter Hinweis auf das eingelegte Rechtsmittel zu übermitteln. Der Erlass und der Vollzug eines Haftbefehls oder eines Unterbringungsbefehls sind mitzuteilen.

(2) In Verfahren wegen fahrlässig begangener Straftaten werden die in Absatz 1 Satz 1 bestimmten Übermittlungen nur vorgenommen, wenn

1.
    es sich um schwere Verstöße handelt, namentlich Vergehen der Trunkenheit im Straßenverkehr oder der fahrlässigen Tötung, oder
2.
    in sonstigen Fällen die Kenntnis der Daten aufgrund der Umstände des Einzelfalls erforderlich ist, um zu prüfen, ob dienstrechtliche Maßnahmen zu ergreifen sind.

(3) Entscheidungen über Verfahrenseinstellungen, die nicht bereits nach Absatz 1 oder 2 zu übermitteln sind, sollen übermittelt werden, wenn die in Absatz 2 Nr. 2 genannten Voraussetzungen erfüllt sind. Dabei ist zu berücksichtigen, wie gesichert die Erkenntnisse sind, die der zu übermittelnden Entscheidung zugrunde liegen.

(4) Sonstige Tatsachen, die in einem Strafverfahren bekannt werden, dürfen mitgeteilt werden, wenn ihre Kenntnis aufgrund besonderer Umstände des Einzelfalls für dienstrechtliche Maßnahmen gegen eine Beamtin oder einen Beamten erforderlich ist und soweit nicht für die übermittelnde Stelle erkennbar ist, dass schutzwürdige Interessen der

Beamtin oder des Beamten an dem Ausschluss der Übermittlung überwiegen. Erforderlich ist die Kenntnis der Daten auch dann, wenn diese Anlass zur Prüfung bieten, ob dienstrechtliche Maßnahmen zu ergreifen sind. Absatz 3 Satz 2 ist entsprechend anzuwenden.

(5) Nach den Absätzen 1 bis 4 übermittelte Daten dürfen auch für die Wahrnehmung der Aufgaben nach dem Sicherheitsüberprüfungsgesetz oder einem entsprechenden Gesetz verwendet werden.

(6) Übermittlungen nach den Absätzen 1 bis 3 sind auch zulässig, soweit sie Daten betreffen, die dem Steuergeheimnis (§ 30 der Abgabenordnung) unterliegen. Übermittlungen nach Absatz 4 sind unter den Voraussetzungen des § 30 Abs. 4 Nr. 5 der Abgabenordnung zulässig.

(7) Mitteilungen sind an die zuständigen Dienstvorgesetzten oder deren Vertretung im Amt zu richten und als „Vertrauliche Personalsache" zu kennzeichnen.

Abschnitt 7
Beamtenvertretung

§ 116 Mitgliedschaft in Gewerkschaften und Berufsverbänden

(1) Beamtinnen und Beamte haben das Recht, sich in Gewerkschaften oder Berufsverbänden zusammenzuschließen. Sie können die für sie zuständigen Gewerkschaften oder Berufsverbände mit ihrer Vertretung beauftragen, soweit gesetzlich nichts anderes bestimmt ist.

(2) Keine Beamtin und kein Beamter darf wegen Betätigung für eine Gewerkschaft oder einen Berufsverband dienstlich gemaßregelt oder benachteiligt werden.

§ 117 Personalvertretung

Die Personalvertretung der Beamtinnen und Beamten ist zu gewährleisten. Das Nähere wird durch Gesetz geregelt.

§ 118 Beteiligung der Spitzenorganisationen

Die Spitzenorganisationen der zuständigen Gewerkschaften sind bei der Vorbereitung allgemeiner Regelungen der beamtenrechtlichen Verhältnisse zu beteiligen.

Abschnitt 8
Bundespersonalausschuss

§ 119 Aufgaben

(1) Der Bundespersonalausschuss dient der einheitlichen Handhabung beamtenrechtlicher Ausnahmevorschriften. Weitere als die in diesem Gesetz vorgesehenen Aufgaben können ihm durch Rechtsverordnung der Bundesregierung übertragen werden.

(2) Der Bundespersonalausschuss übt seine Tätigkeit unabhängig und in eigener Verantwortung aus.

§ 120 Mitglieder

(1) Der Bundespersonalausschuss besteht aus acht ordentlichen und acht stellvertretenden Mitgliedern.

(2) Ständige ordentliche Mitglieder sind die Präsidentin des Bundesrechnungshofes oder der Präsident des Bundesrechnungshofes als Vorsitzende oder Vorsitzender und die Leiterin der Dienstrechtsabteilung oder der Leiter der Dienstrechtsabteilung des Bundesministeriums des Innern. Nichtständige ordentliche Mitglieder sind die Leiterinnen der Zentralabteilungen und Leiter der Zentralabteilungen von zwei anderen obersten Bundesbehörden und vier weitere Beamtinnen und Beamte des Bundes. Stellvertretende Mitglieder sind je eine Beamtin oder ein Beamter des Bundes der in Satz 1 genannten Behörden, die Leiterinnen der Zentralabteilungen und Leiter der Zentralabteilungen von zwei weiteren obersten Bundesbehörden sowie vier weitere Beamtinnen oder Beamte des Bundes.

(3) Die nichtständigen ordentlichen Mitglieder sowie die stellvertretenden Mitglieder werden von der Bundespräsidentin oder vom Bundespräsidenten auf Vorschlag der Bundesministerin des Innern oder des Bundesministers des Innern für die Dauer von vier Jahren bestellt, davon vier ordentliche und vier stellvertretende Mitglieder aufgrund einer Benennung durch die Spitzenorganisationen der zuständigen Gewerkschaften.

(4) Der Bundespersonalausschuss wird zur Durchführung seiner Aufgaben durch eine Geschäftsstelle im Bundesministerium des Innern unterstützt.

-

§ 121 Rechtsstellung der Mitglieder

Die Dienstaufsicht über die Mitglieder des Bundespersonalausschusses führt im Auftrag der Bundesregierung die Bundesministerin des Innern oder der Bundesminister des Innern mit folgenden Maßgaben:

1.

    Die Mitglieder des Bundespersonalausschusses sind unabhängig und nur dem Gesetz unterworfen. Sie dürfen wegen ihrer Tätigkeit weder dienstlich gemaßregelt noch benachteiligt werden.

2.

    Sie scheiden aus ihrem Amt als Mitglied des Bundespersonalausschusses aus

    a)

        durch Zeitablauf,

    b)

        durch Ausscheiden aus dem Hauptamt oder aus der Behörde, die für ihre Mitgliedschaft maßgeblich sind,

    c)

        durch Beendigung des Beamtenverhältnisses oder

    d)

        unter den gleichen Voraussetzungen, unter denen Mitglieder einer Kammer oder eines Senats für Disziplinarsachen wegen einer rechtskräftigen Entscheidung in einem Straf- oder Disziplinarverfahren ihr Amt verlieren; § 66 ist nicht anzuwenden.

-

§ 122 Geschäftsordnung

Der Bundespersonalausschuss gibt sich eine Geschäftsordnung.

-

§ 123 Sitzungen und Beschlüsse

(1) Die Sitzungen des Bundespersonalausschusses sind nicht öffentlich. Der Bundespersonalausschuss kann von den Verwaltungen beauftragten Personen sowie Dritten die Anwesenheit bei der Verhandlung gestatten.

(2) Die oder der Vorsitzende des Bundespersonalausschusses oder die oder der stellvertretende Vorsitzende des Bundespersonalausschusses leitet die Sitzungen. Sind beide verhindert, tritt an ihre Stelle das dienstälteste Mitglied.

(3) Die von den Verwaltungen beauftragten Personen sind auf Verlangen zu hören.

(4) Beschlüsse werden mit Stimmenmehrheit gefasst. Zur Beschlussfähigkeit ist die Anwesenheit von mindestens sechs Mitgliedern erforderlich. Bei Stimmengleichheit entscheidet die Stimme der oder des Vorsitzenden.

(5) Beschlüsse des Bundespersonalausschusses sind bekannt zu machen, soweit sie allgemeine Bedeutung haben. Art und Umfang regelt die Geschäftsordnung.

(6) Soweit dem Bundespersonalausschuss eine Entscheidungsbefugnis eingeräumt ist, binden seine Beschlüsse die beteiligten Verwaltungen.

45

§ 124 Beweiserhebung, Auskünfte und Amtshilfe

(1) Der Bundespersonalausschuss kann zur Durchführung seiner Aufgaben in entsprechender Anwendung der Vorschriften der Verwaltungsgerichtsordnung Beweise erheben.
(2) Die beteiligten Verwaltungen haben dem Bundespersonalausschuss auf Verlangen Auskünfte zu erteilen und Akten vorzulegen, soweit dies zur Durchführung seiner Aufgaben erforderlich ist. Alle Dienststellen haben dem Bundespersonalausschuss unentgeltlich Amtshilfe zu leisten.

Abschnitt 9
Beschwerdeweg und Rechtsschutz

§ 125 Dienstweg bei Anträgen und Beschwerden

(1) Beamtinnen und Beamte können Anträge und Beschwerden vorbringen. Hierbei ist der Dienstweg einzuhalten. Der Beschwerdeweg bis zur obersten Dienstbehörde steht offen.
(2) Richtet sich die Beschwerde gegen die unmittelbare Vorgesetzte oder den unmittelbaren Vorgesetzten, kann sie bei der oder dem nächsthöheren Vorgesetzten unmittelbar eingereicht werden.

§ 126 Verwaltungsrechtsweg

(1) Für alle Klagen der Beamtinnen, Beamten, Ruhestandsbeamtinnen, Ruhestandsbeamten, früheren Beamtinnen, früheren Beamten und der Hinterbliebenen aus dem Beamtenverhältnis sowie für Klagen des Dienstherrn ist der Verwaltungsrechtsweg gegeben.
(2) Vor allen Klagen ist ein Vorverfahren nach den Vorschriften des 8. Abschnitts der Verwaltungsgerichtsordnung durchzuführen. Dies gilt auch dann, wenn die Maßnahme von der obersten Dienstbehörde getroffen worden ist.
(3) Den Widerspruchsbescheid erlässt die oberste Dienstbehörde. Sie kann die Entscheidung für Fälle, in denen sie die Maßnahme nicht selbst getroffen hat, durch allgemeine Anordnung anderen Behörden übertragen. Die Anordnung ist zu veröffentlichen.
(4) Widerspruch und Anfechtungsklage gegen die Abordnung oder die Versetzung haben keine aufschiebende Wirkung.

§ 127 Vertretung des Dienstherrn

(1) Bei Klagen aus dem Beamtenverhältnis wird der Dienstherr durch die oberste Dienstbehörde vertreten, der die Beamtin oder der Beamte untersteht oder bei der Beendigung des Beamtenverhältnisses unterstanden hat. Bei Ansprüchen nach den §§ 53 bis 61 des Beamtenversorgungsgesetzes wird der Dienstherr durch die oberste Dienstbehörde vertreten, deren sachlicher Weisung die Regelungsbehörde untersteht.
(2) Besteht die oberste Dienstbehörde nicht mehr und ist eine andere Dienstbehörde nicht bestimmt, tritt an ihre Stelle das Bundesministerium des Innern.
(3) Die oberste Dienstbehörde kann die Vertretung durch eine allgemeine Anordnung anderen Behörden übertragen. Die Anordnung ist im Bundesgesetzblatt zu veröffentlichen.

§ 128 Zustellung von Verfügungen und Entscheidungen

Verfügungen und Entscheidungen, die Beamtinnen und Beamten oder Versorgungsberechtigten nach den Vorschriften dieses Gesetzes bekannt zu geben sind, sind zuzustellen, wenn durch sie eine Frist in Lauf gesetzt wird oder Rechte der Beamtin oder des Beamten oder der Versorgungsberechtigten durch sie berührt werden. Soweit gesetzlich nichts anderes bestimmt ist, richtet sich die Zustellung nach den Vorschriften des Verwaltungszustellungsgesetzes.

Abschnitt 10
Besondere Rechtsverhältnisse

-

§ 129 Beamtinnen und Beamte oberster Bundesorgane

(1) Die Beamtinnen und Beamten des Bundestages, des Bundesrates und des Bundesverfassungsgerichtes sind Beamtinnen und Beamte des Bundes. Die Ernennung, Entlassung und Versetzung in den Ruhestand werden durch die Präsidentin oder den Präsidenten des Bundestages, die Präsidentin oder den Präsidenten des Bundesrates oder durch die Präsidentin oder den Präsidenten des Bundesverfassungsgerichtes vorgenommen. Diese sind jeweils die oberste Dienstbehörde.
(2) Die Direktorin oder der Direktor des Bundesrates kann jederzeit in den einstweiligen Ruhestand versetzt werden, soweit sie oder er Beamtin auf Lebenszeit oder Beamter auf Lebenszeit ist.

-

§ 130 Wissenschaftliches und leitendes Personal der Hochschulen des Bundes

(1) Die beamteten Leiterinnen und beamteten Leiter, die beamteten hauptberuflichen Mitglieder von Leitungsgremien sowie die zum wissenschaftlichen Personal zählenden Beamtinnen und Beamten einer Hochschule des Bundes, die nach Landesrecht die Eigenschaft einer staatlich anerkannten Hochschule erhalten hat und deren Personal im Dienst des Bundes steht, stehen in einem Beamtenverhältnis zum Bund.
(2) Das wissenschaftliche Personal dieser Hochschulen besteht insbesondere aus den Hochschullehrerinnen und Hochschullehrern (Professorinnen und Professoren, Juniorprofessorinnen und Juniorprofessoren), den wissenschaftlichen Mitarbeiterinnen und wissenschaftlichen Mitarbeitern sowie den Lehrkräften für besondere Aufgaben.
(3) Die Hochschullehrerinnen und Hochschullehrer nehmen die ihrer Hochschule jeweils obliegenden Aufgaben in Wissenschaft, Forschung, Lehre und Weiterbildung in ihren Fächern nach näherer Ausgestaltung ihres Dienstverhältnisses selbstständig wahr.
(4) Professuren und Juniorprofessuren sind öffentlich auszuschreiben. Von einer Ausschreibung kann abgesehen werden, wenn

1.
    ein bereits bestehendes Beamtenverhältnis auf Zeit auf derselben Professur in ein Beamtenverhältnis auf Lebenszeit umgewandelt oder
2.
    eine Juniorprofessorin oder ein Juniorprofessor der eigenen Hochschule berufen
werden soll.
(5) Wissenschaftliche Mitarbeiterinnen und wissenschaftliche Mitarbeiter sind die Beamtinnen und Beamten, denen wissenschaftliche Dienstleistungen obliegen. In begründeten Fällen kann ihnen auch die selbstständige Wahrnehmung von Aufgaben in Forschung und Lehre übertragen werden.
(6) Lehrkräfte für besondere Aufgaben sind, soweit sie nicht in einem privatrechtlichen Dienstverhältnis stehen, Beamtinnen und Beamte, die auch ohne Erfüllung der Einstellungsvoraussetzungen für Hochschullehrerinnen und Hochschullehrer beschäftigt werden können, sofern überwiegend die Vermittlung praktischer Fähigkeiten und Kenntnisse erforderlich ist.

-

§ 131 Einstellungsvoraussetzungen für Hochschullehrerinnen und Hochschullehrer sowie wissenschaftliche Mitarbeiterinnen und wissenschaftliche Mitarbeiter

(1) Einstellungsvoraussetzungen für Professorinnen und Professoren sind neben den allgemeinen dienstrechtlichen Voraussetzungen

1.
   ein abgeschlossenes Hochschulstudium,
2.
   die pädagogische Eignung,
3.
   eine besondere Befähigung zu wissenschaftlicher Arbeit, die in der Regel durch die Qualität einer Promotion nachgewiesen wird, und
4.
   je nach den Anforderungen der Stelle
   a)
      zusätzliche wissenschaftliche Leistungen oder
   b)
      besondere Leistungen bei der Anwendung oder Entwicklung wissenschaftlicher Erkenntnisse und Methoden in einer mehrjährigen beruflichen Praxis.

(2) Einstellungsvoraussetzungen für Juniorprofessorinnen und Juniorprofessoren sind neben den allgemeinen dienstrechtlichen Voraussetzungen

1.
   ein abgeschlossenes Hochschulstudium,
2.
   die pädagogische Eignung und
3.
   eine besondere Befähigung zu wissenschaftlicher Arbeit, die in der Regel durch die herausragende Qualität einer Promotion nachgewiesen wird.

Sofern vor oder nach der Promotion ein Beschäftigungsverhältnis als wissenschaftliche Mitarbeiterin oder wissenschaftlicher Mitarbeiter bestand, sollen Promotions- und Beschäftigungsphase zusammen nicht mehr als sechs Jahre betragen haben. Verlängerungen aufgrund von Zeiten eines mutterschutzrechtlichen Beschäftigungsverbots, Inanspruchnahme von Elternzeit, Beurlaubung oder Herabsetzung der Arbeitszeit wegen Betreuung oder Pflege eines Kindes unter 18 Jahren oder einer oder eines pflegebedürftigen sonstigen Angehörigen sowie einer Freistellung bleiben hierbei unberücksichtigt. Auf die Zeiten nach Satz 2 sind alle befristeten Arbeitsverhältnisse mit mehr als einem Viertel der regelmäßigen Arbeitszeit, die mit einer deutschen Hochschule oder einer Forschungseinrichtung abgeschlossen wurden, sowie entsprechende Beamtenverhältnisse auf Zeit und privatrechtliche Dienstverhältnisse anzurechnen.

(3) Einstellungsvoraussetzung für wissenschaftliche Mitarbeiterinnen und wissenschaftliche Mitarbeiter ist neben den allgemeinen dienstrechtlichen Voraussetzungen ein abgeschlossenes Hochschulstudium.

-

§ 132 Dienstrechtliche Stellung des hauptberuflichen wissenschaftlichen und leitenden Personals der Hochschulen

(1) Professorinnen und Professoren werden, soweit kein privatrechtliches Dienstverhältnis begründet wird, bei erstmaliger Berufung in das Professorenverhältnis für sechs Jahre zu Beamtinnen auf Zeit und Beamten auf Zeit ernannt. Abweichend hiervon ist die sofortige Begründung eines Beamtenverhältnisses auf Lebenszeit möglich, wenn

1.
   Bewerberinnen und Bewerber für ein Professorenamt sonst nicht gewonnen werden können oder
2.
   eine Juniorprofessorin oder ein Juniorprofessor der eigenen Hochschule berufen wird.

Nach frühestens drei Jahren kann das Beamtenverhältnis auf Zeit in ein solches auf Lebenszeit umgewandelt werden, wenn die Hochschule zuvor ein Bewertungsverfahren mit positivem Ergebnis durchgeführt hat. Erfolgt keine Umwandlung in ein Beamtenverhältnis auf Lebenszeit, sind die Professorinnen und Professoren mit Ablauf ihrer Amtszeit oder Erreichen der Altersgrenze aus dem Beamtenverhältnis auf Zeit entlassen. Eine einmalige erneute Berufung in ein Beamtenverhältnis auf Zeit auf derselben Professur ist zulässig.

(2) Juniorprofessorinnen und Juniorprofessoren werden, soweit kein privatrechtliches Dienstverhältnis begründet wird, für drei Jahre zu Beamtinnen auf Zeit oder Beamten auf Zeit ernannt. Das Beamtenverhältnis soll im Laufe des dritten Jahres um weitere drei Jahre verlängert werden, wenn die Juniorprofessorin oder der Juniorprofessor sich als

Hochschullehrerin oder Hochschullehrer bewährt hat. Anderenfalls kann es um bis zu einem Jahr verlängert werden. Eine weitere Verlängerung ist, abgesehen von den Fällen des Absatzes 5, nicht zulässig. Dies gilt auch für eine erneute Einstellung als Juniorprofessorin oder Juniorprofessor.

(3) Wissenschaftliche Mitarbeiterinnen und wissenschaftliche Mitarbeiter, deren Stelle eine befristete Beschäftigung vorsieht, werden, soweit kein privatrechtliches Dienstverhältnis begründet wird, für die Dauer von drei Jahren zu Beamtinnen auf Zeit und Beamten auf Zeit ernannt. Eine einmalige Verlängerung des Beamtenverhältnisses auf Zeit um weitere drei Jahre ist zulässig.

(4) Für beamtete Hochschuldozentinnen und beamtete Hochschuldozenten gelten die §§ 42 und 48d, für beamtete Oberassistentinnen, beamtete Oberassistenten, beamtete Oberingenieurinnen und beamtete Oberingenieure die §§ 42 und 48b und für beamtete wissenschaftliche und künstlerische Assistentinnen und Assistenten die §§ 42 und 48 des Hochschulrahmengesetzes in der bis zum 30. Dezember 2004 geltenden Fassung entsprechend.

(5) Soweit Hochschullehrerinnen und Hochschullehrer oder wissenschaftliche Mitarbeiterinnen und wissenschaftliche Mitarbeiter Beamtinnen auf Zeit und Beamte auf Zeit sind, ist das Dienstverhältnis, sofern dienstliche Gründe dem nicht entgegenstehen, auf Antrag der Beamtin oder des Beamten um Zeiten eines mutterschutzrechtlichen Beschäftigungsverbots und der Inanspruchnahme von Elternzeit sowie, von bis zu drei Jahren, um Zeiten einer familienbedingten Teilzeit oder Beurlaubung nach § 92 und um Zeiten einer Familienpflegezeit nach § 92a zu verlängern.

(6) Der Eintritt einer Professorin oder eines Professors in den Ruhestand wegen Erreichens der Altersgrenze wird zum Ende des Semesters oder Trimesters wirksam, in dem die Altersgrenze erreicht wird. Eine Versetzung in den Ruhestand auf Antrag soll zum Ende des Semesters oder Trimesters ausgesprochen werden, es sei denn, dass gesundheitliche Gründe dem entgegenstehen. Eine Entlassung aus dem Beamtenverhältnis auf Antrag kann bis zum Ende des Semesters oder Trimesters hinausgeschoben werden, wenn dienstliche Belange dies erfordern.

(7) Auf Antrag der Professorin oder des Professors kann der Eintritt in den Ruhestand bis zum Ende des Monats, in dem das 75. Lebensjahr vollendet wird, hinausgeschoben werden, wenn dies wegen der besonderen wissenschaftlichen Leistungen im Einzelfall im dienstlichen Interesse liegt. § 53 Abs. 1 Satz 2 gilt entsprechend.

(8) Beamtete Leiterinnen und beamtete Leiter und beamtete hauptberufliche Mitglieder von Leitungsgremien werden für sechs Jahre in ein Beamtenverhältnis auf Zeit berufen. Sie sind mit Ablauf ihrer Amtszeit oder Erreichen der Regelaltersgrenze aus diesem Beamtenverhältnis entlassen. Abweichend von Satz 2 treten sie mit Ablauf ihrer Amtszeit oder mit Erreichen der Regelaltersgrenze in den Ruhestand, wenn sie

1.
    eine Dienstzeit von insgesamt mindestens zehn Jahren in Beamtenverhältnissen oder in einem Dienstverhältnis als Berufssoldatin oder Berufssoldat mit Anspruch auf Besoldung zurückgelegt haben oder

2.
    aus einem Beamtenverhältnis auf Lebenszeit oder aus einem Dienstverhältnis als Berufssoldatin oder Berufssoldat in ein Beamtenverhältnis auf Zeit berufen worden waren.

Handelt es sich in den Fällen des Satzes 3 Nr. 2 um ein Beamtenverhältnis auf Lebenszeit zum Bund, ruht dieses Rechtsverhältnis mit allen Rechten und Pflichten für die Dauer des Beamtenverhältnisses auf Zeit mit Ausnahme der Pflicht zur Verschwiegenheit und des Verbots der Annahme von Belohnungen, Geschenken und sonstigen Vorteilen.

(9) Die Vorschriften über die Laufbahnen und über den einstweiligen Ruhestand sowie die §§ 87 und 88 sind auf Hochschullehrerinnen und Hochschullehrer nicht anzuwenden. Erfordert der Aufgabenbereich einer Hochschuleinrichtung eine regelmäßige oder planmäßige Anwesenheit, kann die oberste Dienstbehörde die §§ 87 und 88 für bestimmte Gruppen von Beamtinnen und Beamten für anwendbar erklären.

(10) Hochschullehrerinnen und Hochschullehrer können nur mit ihrer Zustimmung abgeordnet oder versetzt werden. Bei der Auflösung, der Verschmelzung oder einer wesentlichen Änderung des Aufbaues oder der Aufgaben von staatlich anerkannten Hochschulen des Bundes, deren Ausbildungsgänge ausschließlich auf den öffentlichen Dienst ausgerichtet sind, gilt § 28 Abs. 3 für beamtete Professorinnen, Professoren, Juniorprofessorinnen, Juniorprofessoren sowie Hochschuldozentinnen und Hochschuldozenten entsprechend.

-

§ 133 Ehrenbeamtinnen und Ehrenbeamte

(1) Für Ehrenbeamtinnen und Ehrenbeamte nach § 6 Abs. 5 gelten die Vorschriften dieses Gesetzes mit folgenden Maßgaben:

1.
    Nach Erreichen der Regelaltersgrenze können Ehrenbeamtinnen und Ehrenbeamte verabschiedet werden. Sie sind zu verabschieden, wenn die sonstigen Voraussetzungen für die Versetzung einer Beamtin oder eines Beamten in den Ruhestand gegeben sind.

2.
    Nicht anzuwenden sind die §§ 28, 53 Abs. 2, §§ 72, 76, 87, 88, 97 bis 101 und 104, auf Honorarkonsularbeamtinnen und Honorarkonsularbeamte, außerdem § 7 Abs. 1 Nr. 1.

(2) Die Unfallfürsorge für Ehrenbeamtinnen und Ehrenbeamte und ihre Hinterbliebenen richtet sich nach § 68 des Beamtenversorgungsgesetzes.

(3) Im Übrigen regeln sich die Rechtsverhältnisse nach den besonderen für die einzelnen Gruppen der Ehrenbeamtinnen

und Ehrenbeamten geltenden Vorschriften.

Abschnitt 11
Umbildung von Körperschaften

§ 134 Umbildung einer Körperschaft

(1) Beamtinnen und Beamte einer juristischen Person des öffentlichen Rechts mit Dienstherrnfähigkeit (Körperschaft), die vollständig in eine andere Körperschaft eingegliedert wird, treten mit der Umbildung kraft Gesetzes in den Dienst der aufnehmenden Körperschaft über.

(2) Beamtinnen und Beamte einer Körperschaft, die vollständig in mehrere andere Körperschaften eingegliedert wird, sind anteilig in den Dienst der aufnehmenden Körperschaften zu übernehmen. Die beteiligten Körperschaften haben innerhalb einer Frist von sechs Monaten nach dem Zeitpunkt, in dem die Umbildung vollzogen ist, im Einvernehmen miteinander zu bestimmen, von welchen Körperschaften die einzelnen Beamtinnen und Beamten zu übernehmen sind. Solange die Übernahme nicht erfolgt ist, haften alle beteiligten Körperschaften für die zustehenden Bezüge als Gesamtschuldner.

(3) Beamtinnen und Beamte einer Körperschaft, die teilweise in eine oder mehrere andere Körperschaften eingegliedert wird, sind zu einem verhältnismäßigen Teil, bei mehreren Körperschaften anteilig, in den Dienst der aufnehmenden Körperschaften zu übernehmen. Absatz 2 Satz 2 findet Anwendung.

(4) Die Absätze 1 bis 3 gelten entsprechend, wenn eine Körperschaft mit einer oder mehreren anderen Körperschaften zu einer neuen Körperschaft zusammengeschlossen wird, wenn aus einer Körperschaft oder aus Teilen einer Körperschaft eine oder mehrere neue Körperschaften gebildet werden oder wenn Aufgaben einer Körperschaft vollständig oder teilweise auf eine oder mehrere andere Körperschaften übergehen.

§ 135 Rechtsfolgen der Umbildung

(1) Tritt eine Beamtin oder ein Beamter aufgrund des § 134 Abs. 1 kraft Gesetzes in den Dienst einer anderen Körperschaft über oder wird sie oder er aufgrund des § 134 Abs. 2 oder 3 von einer anderen Körperschaft übernommen, wird das Beamtenverhältnis mit dem neuen Dienstherrn fortgesetzt.

(2) Im Fall des § 134 Abs. 1 ist der Beamtin oder dem Beamten von der aufnehmenden oder neuen Körperschaft die Fortsetzung des Beamtenverhältnisses schriftlich zu bestätigen.

(3) In den Fällen des § 134 Abs. 2 und 3 wird die Übernahme von der Körperschaft verfügt, in deren Dienst die Beamtin oder der Beamte treten soll. Die Verfügung wird mit der Zustellung an die Beamtin oder den Beamten wirksam. Die Beamtin oder der Beamte ist verpflichtet, der Verfügung Folge zu leisten. Kommt sie oder er der Verpflichtung nicht nach, wird sie oder er entlassen.

(4) Die Absätze 1 bis 3 gelten entsprechend in den Fällen des § 134 Abs. 4.

§ 136 Rechtsstellung der Beamtinnen und Beamten

(1) Den nach § 134 in den Dienst einer anderen Körperschaft übergetretenen oder von ihr übernommenen Beamtinnen und Beamten soll ein dem bisherigen Amt nach Bedeutung und Inhalt gleich zu bewertendes Amt übertragen werden. Wenn eine dem bisherigen Amt entsprechende Verwendung nicht möglich ist, sind § 28 Abs. 3 und § 34 Abs. 1 Satz 1 Nr. 4 entsprechend anzuwenden. Bei Anwendung des § 28 Abs. 3 darf die Beamtin oder der Beamte neben der neuen Amtsbezeichnung die des früheren Amtes mit dem Zusatz „außer Dienst" oder „a. D." führen.

(2) Die aufnehmende oder neue Körperschaft kann, wenn die Zahl der bei ihr nach der Umbildung vorhandenen Beamtinnen und Beamten den tatsächlichen Bedarf übersteigt, innerhalb einer Frist von sechs Monaten die entbehrlichen Beamtinnen auf Lebenszeit oder auf Zeit oder die Beamten auf Lebenszeit oder auf Zeit, deren Aufgabengebiet von der Umbildung berührt wurde, in den einstweiligen Ruhestand versetzen. Die Frist des Satzes 1 beginnt im Fall des § 134 Abs. 1 mit dem Übertritt, in den Fällen des § 134 Abs. 2 und 3 mit der Bestimmung derjenigen Beamtinnen und Beamten, zu deren Übernahme die Körperschaft verpflichtet ist. Entsprechendes gilt in den Fällen des § 134 Abs. 4. § 55 Satz 2 ist anzuwenden. Bei Beamtinnen auf Zeit und Beamten auf Zeit, die nach Satz 1 in den einstweiligen Ruhestand versetzt sind, endet der einstweilige Ruhestand mit Ablauf der Amtszeit. Sie gelten zu diesem

Zeitpunkt als dauernd in den Ruhestand versetzt, wenn sie bei Verbleiben im Amt mit Ablauf der Amtszeit in den Ruhestand getreten wären.

-

§ 137 Rechtsstellung der Versorgungsempfängerinnen und Versorgungsempfänger

(1) Die Vorschriften des § 134 Abs. 1 und 2 und des § 135 gelten entsprechend für die zum Zeitpunkt der Umbildung bei der abgebenden Körperschaft vorhandenen Versorgungsempfängerinnen und Versorgungsempfänger.
(2) In den Fällen des § 134 Abs. 3 bleiben die Ansprüche der zum Zeitpunkt der Umbildung vorhandenen Versorgungsempfängerinnen und Versorgungsempfänger gegenüber der abgebenden Körperschaft bestehen.
(3) Die Absätze 1 und 2 gelten entsprechend in den Fällen des § 134 Abs. 4.

Abschnitt 12
Spannungs- und Verteidigungsfall, Verwendungen im Ausland

-

§ 138 Anwendungsbereich

Beschränkungen, Anordnungen und Verpflichtungen nach den §§ 139 bis 142 sind nur nach Maßgabe des Artikels 80a des Grundgesetzes zulässig. Sie sind auf Personen im Sinne des § 5 Abs. 1 des Arbeitssicherstellungsgesetzes nicht anzuwenden.

-

§ 139 Dienstleistung im Verteidigungsfall

(1) Beamtinnen und Beamte können für Zwecke der Verteidigung auch ohne ihre Zustimmung zu einem anderen Dienstherrn abgeordnet oder zur Dienstleistung bei über- oder zwischenstaatlichen zivilen Dienststellen verpflichtet werden.
(2) Beamtinnen und Beamten können für Zwecke der Verteidigung auch Aufgaben übertragen werden, die nicht ihrem Amt oder ihrer Laufbahnbefähigung entsprechen, sofern ihnen die Übernahme nach ihrer Vor- und Ausbildung und im Hinblick auf die Ausnahmesituation zumutbar ist. Aufgaben einer Laufbahn mit geringeren Zugangsvoraussetzungen dürfen ihnen nur übertragen werden, wenn dies aus dienstlichen Gründen unabweisbar ist.
(3) Beamtinnen und Beamte haben bei der Erfüllung der ihnen für Zwecke der Verteidigung übertragenen Aufgaben Gefahren und Erschwernisse auf sich zu nehmen, soweit diese ihnen nach den Umständen und den persönlichen Verhältnissen zugemutet werden können.
(4) Beamtinnen und Beamte sind bei einer Verlegung ihrer Behörde oder Dienststelle auch in das Ausland zur Dienstleistung am neuen Dienstort verpflichtet.

-

§ 140 Aufschub der Entlassung und des Ruhestands

Die Entlassung der Beamtinnen und Beamten auf ihren Antrag kann für Zwecke der Verteidigung hinausgeschoben werden, wenn dies im öffentlichen Interesse erforderlich ist und der Personalbedarf der öffentlichen Verwaltung im Bereich ihres Dienstherrn auf freiwilliger Grundlage nicht gedeckt werden kann. Satz 1 gilt entsprechend für den Ablauf der Amtszeit bei Beamtenverhältnissen auf Zeit. Der Eintritt in den Ruhestand nach Erreichen der Altersgrenze und die vorzeitige Versetzung in den Ruhestand auf Antrag ohne Nachweis der Dienstunfähigkeit können unter den Voraussetzungen des Satzes 1 bis zum Ende des Monats hinausgeschoben werden, in dem die Regelaltersgrenze erreicht wird.

§ 141 Erneute Berufung von Ruhestandsbeamtinnen und Ruhestandsbeamten

Ruhestandsbeamtinnen und Ruhestandsbeamte, die die Regelaltersgrenze noch nicht erreicht haben, können für Zwecke der Verteidigung erneut in ein Beamtenverhältnis berufen werden, wenn dies im öffentlichen Interesse erforderlich ist und der Personalbedarf der öffentlichen Verwaltung im Bereich ihres bisherigen Dienstherrn auf freiwilliger Grundlage nicht gedeckt werden kann. Das Beamtenverhältnis endet, wenn es nicht vorher beendet wird, mit dem Ende des Monats, in dem die Regelaltersgrenze erreicht wird.

§ 142 Verpflichtung zur Gemeinschaftsunterkunft und Mehrarbeit

(1) Wenn dienstliche Gründe es erfordern, können Beamtinnen und Beamte für Zwecke der Verteidigung verpflichtet werden, vorübergehend in einer Gemeinschaftsunterkunft zu wohnen und an einer Gemeinschaftsverpflegung teilzunehmen.

(2) Beamtinnen und Beamte sind verpflichtet, für Zwecke der Verteidigung über die regelmäßige Arbeitszeit hinaus ohne besondere Vergütung Dienst zu tun. Für die Mehrbeanspruchung wird ein Freizeitausgleich nur gewährt, soweit es die dienstlichen Erfordernisse gestatten.

§ 143 Verwendungen im Ausland

(1) Beamtinnen und Beamte, die zur Wahrnehmung des ihnen übertragenen Amts im Ausland oder außerhalb des deutschen Hoheitsgebiets auf Schiffen oder in Luftfahrzeugen verwendet werden und dabei wegen vom Inland wesentlich abweichender Verhältnisse erhöhten Gefahren ausgesetzt sind, können aus dienstlichen Gründen verpflichtet werden,

1.
   vorübergehend in einer Gemeinschaftsunterkunft zu wohnen und an einer Gemeinschaftsverpflegung teilzunehmen,
2.
   Schutzkleidung zu tragen,
3.
   Dienstkleidung zu tragen und
4.
   über die regelmäßige Arbeitszeit hinaus ohne besondere Vergütung Dienst zu tun.

In den Fällen des Satzes 1 Nr. 4 wird für die Mehrbeanspruchung ein Freizeitausgleich nur gewährt, soweit es die dienstlichen Erfordernisse gestatten.

(2) Sind nach Absatz 1 verwendete Beamtinnen und Beamte zum Zeitpunkt des vorgesehenen Eintritts in den Ruhestand nach den §§ 44, 51 und 53 oder des vorgesehenen Ablaufs ihrer Amtszeit wegen Verschleppung, Gefangenschaft oder aus sonstigen mit dem Dienst zusammenhängenden Gründen, die sie nicht zu vertreten haben, dem Einflussbereich des Dienstherrn entzogen, verlängert sich das Beamtenverhältnis bis zum Ablauf des auf die Beendigung dieses Zustands folgenden Monats.

Abschnitt 13
Übergangs- und Schlussvorschriften

§ 144 Entscheidungsrecht oberster Bundesbehörden

(1) Ist eine bundesunmittelbare Körperschaft, Anstalt oder Stiftung des öffentlichen Rechts Dienstherr einer Beamtin oder eines Beamten, kann die für die Aufsicht zuständige oberste Bundesbehörde in den Fällen, in denen nach diesem Gesetz oder dem Beamtenversorgungsgesetz die oberste Dienstbehörde die Entscheidung hat, sich diese Entscheidung vorbehalten oder die Entscheidung von ihrer vorherigen Zustimmung abhängig machen. Sie kann auch verbindliche Grundsätze für die Entscheidung aufstellen.

(2) Für bundesunmittelbare Körperschaften, Anstalten und Stiftungen des öffentlichen Rechts, die Behörden nicht besitzen, tritt an deren Stelle für die in diesem Gesetz oder dem Beamtenversorgungsgesetz einer Behörde übertragenen oder zu übertragenden Zuständigkeiten die zuständige Verwaltungsstelle.

-

§ 145 Rechtsverordnungen, Durchführungsvorschriften

(1) Rechtsverordnungen nach diesem Gesetz bedürfen nicht der Zustimmung des Bundesrates.

(2) Die zur Durchführung dieses Gesetzes und der auf Grund dieses Gesetzes erlassenen Rechtsverordnungen erforderlichen allgemeinen Verwaltungsvorschriften erlässt das Bundesministerium des Innern, soweit dieses Gesetz nichts anderes bestimmt.

-

§ 146 Öffentlich-rechtliche Religionsgesellschaften

Dieses Gesetz gilt nicht für die öffentlich-rechtlichen Religionsgesellschaften und ihre Verbände. Diesen bleibt es überlassen, die Rechtsverhältnisse ihrer Beamtinnen und Beamten und Seelsorgerinnen und Seelsorger diesem Gesetz entsprechend zu regeln oder Vorschriften dieses Gesetzes für anwendbar zu erklären.

-

§ 147 Übergangsregelungen

(1) Bis zu einer haushaltsrechtlichen Umstellung, längstens jedoch bis zum 31. Dezember 2010, kann von § 10 Abs. 3 erste Alternative abgewichen werden. Dabei gehört die Probezeit zur Laufbahn und § 6 Abs. 1 Nr. 3 des Bundesbeamtengesetzes in der Fassung der Bekanntmachung vom 31. März 1999 (BGBl. I S. 675) in der bis zum 11. Februar 2009 geltenden Fassung ist anzuwenden.

(2) Für Beamtinnen und Beamte, die vor Inkrafttreten dieses Gesetzes in ein Beamtenverhältnis auf Probe berufen worden sind, sind anstelle des § 10 Abs. 1 und 3 und des § 11 der § 6 Abs. 1 und der § 9 des Bundesbeamtengesetzes in der Fassung der Bekanntmachung vom 31. März 1999 (BGBl. I S. 675) in der bis zum 11. Februar 2009 geltenden Fassung anzuwenden. Abweichend von Satz 1 werden Beamtinnen und Beamte, die vor dem 12. Februar 2009 in ein Beamtenverhältnis auf Probe berufen worden sind, auf Antrag in ein Beamtenverhältnis auf Lebenszeit berufen, wenn

1.
    sie sich in der Probezeit in vollem Umfang bewährt haben und

2.
    seit der Berufung in das Beamtenverhältnis auf Probe mindestens drei Jahre vergangen sind.

(3) Die Bundesregierung überprüft die Anhebung der Altersgrenzen nach den §§ 51 und 52 unter Beachtung des Berichts nach § 154 Abs. 4 des Sechsten Buches Sozialgesetzbuch.

Gesetz zur Regelung des Statusrechts der Beamtinnen und Beamten in den Ländern(Beamtenstatusgesetz - BeamtStG)

-

BeamtStG

Ausfertigungsdatum: 17.06.2008

"Beamtenstatusgesetz vom 17. Juni 2008 (BGBl. I S. 1010), das durch Artikel 15 Absatz 16 des Gesetzes vom 5. Februar 2009 (BGBl. I S. 160) geändert worden ist"

Stand: Geändert durch Art. 15 Abs. 16 G v. 5.2.2009 I 160

Abschnitt 1
Allgemeine Vorschriften

-

§ 1 Geltungsbereich

Dieses Gesetz regelt das Statusrecht der Beamtinnen und Beamten der Länder, Gemeinden und Gemeindeverbände sowie der sonstigen der Aufsicht eines Landes unterstehenden Körperschaften, Anstalten und Stiftungen des öffentlichen Rechts.

-

§ 2 Dienstherrnfähigkeit

Das Recht, Beamtinnen und Beamte zu haben, besitzen

1.

Länder, Gemeinden und Gemeindeverbände,

2.

sonstige Körperschaften, Anstalten und Stiftungen des öffentlichen Rechts, die dieses Recht im Zeitpunkt des Inkrafttretens dieses Gesetzes besitzen oder denen es durch ein Landesgesetz oder aufgrund eines Landesgesetzes verliehen wird.

Abschnitt 2
Beamtenverhältnis

-

§ 3 Beamtenverhältnis

(1) Beamtinnen und Beamte stehen zu ihrem Dienstherrn in einem öffentlich-rechtlichen Dienst- und Treueverhältnis (Beamtenverhältnis).
(2) Die Berufung in das Beamtenverhältnis ist nur zulässig zur Wahrnehmung

1.

hoheitsrechtlicher Aufgaben oder

2.

solcher Aufgaben, die aus Gründen der Sicherung des Staates oder des öffentlichen Lebens nicht ausschließlich Personen übertragen werden dürfen, die in einem privatrechtlichen Arbeitsverhältnis stehen.

-

§ 4 Arten des Beamtenverhältnisses

(1) Das Beamtenverhältnis auf Lebenszeit dient der dauernden Wahrnehmung von Aufgaben nach § 3 Abs. 2. Es bildet die Regel.
(2) Das Beamtenverhältnis auf Zeit dient

a)
 der befristeten Wahrnehmung von Aufgaben nach § 3 Abs. 2 oder
b)
 der zunächst befristeten Übertragung eines Amtes mit leitender Funktion.
(3) Das Beamtenverhältnis auf Probe dient der Ableistung einer Probezeit

a)
 zur späteren Verwendung auf Lebenszeit oder
b)
 zur Übertragung eines Amtes mit leitender Funktion.
(4) Das Beamtenverhältnis auf Widerruf dient

a)
 der Ableistung eines Vorbereitungsdienstes oder
b)
 der nur vorübergehenden Wahrnehmung von Aufgaben nach § 3 Abs. 2.

-

§ 5 Ehrenbeamtinnen und Ehrenbeamte

(1) Als Ehrenbeamtin oder Ehrenbeamter kann berufen werden, wer Aufgaben im Sinne des § 3 Abs. 2 unentgeltlich wahrnehmen soll.
(2) Die Rechtsverhältnisse der Ehrenbeamtinnen und Ehrenbeamten können durch Landesrecht abweichend von den für Beamtinnen und Beamte allgemein geltenden Vorschriften geregelt werden, soweit es deren besondere Rechtsstellung erfordert.
(3) Ein Ehrenbeamtenverhältnis kann nicht in ein Beamtenverhältnis anderer Art, ein solches Beamtenverhältnis nicht in ein Ehrenbeamtenverhältnis umgewandelt werden.

-

§ 6 Beamtenverhältnis auf Zeit

Für die Rechtsverhältnisse der Beamtinnen auf Zeit und Beamten auf Zeit gelten die Vorschriften für Beamtinnen auf Lebenszeit und Beamte auf Lebenszeit entsprechend, soweit durch Landesrecht nichts anderes bestimmt ist.

-

§ 7 Voraussetzungen des Beamtenverhältnisses

(1) In das Beamtenverhältnis darf nur berufen werden, wer

1.
 Deutsche oder Deutscher im Sinne des Artikels 116 des Grundgesetzes ist oder die Staatsangehörigkeit
 a)
  eines anderen Mitgliedstaates der Europäischen Union oder
 b)
  eines anderen Vertragsstaates des Abkommens über den Europäischen Wirtschaftsraum oder
 c)
  eines Drittstaates, dem Deutschland und die Europäische Union vertraglich einen entsprechenden Anspruch auf Anerkennung von Berufsqualifikationen eingeräumt haben,
 besitzt,
2.
 die Gewähr dafür bietet, jederzeit für die freiheitliche demokratische Grundordnung im Sinne des Grundgesetzes einzutreten, und
3.

die nach Landesrecht vorgeschriebene Befähigung besitzt.

(2) Wenn die Aufgaben es erfordern, darf nur eine Deutsche oder ein Deutscher im Sinne des Artikels 116 des Grundgesetzes in ein Beamtenverhältnis berufen werden.

(3) Ausnahmen von Absatz 1 Nr. 1 und Absatz 2 können nur zugelassen werden, wenn

1.

für die Gewinnung der Beamtin oder des Beamten ein dringendes dienstliches Interesse besteht oder

2.

bei der Berufung von Hochschullehrerinnen und Hochschullehrern und anderen Mitarbeiterinnen und Mitarbeitern des wissenschaftlichen und künstlerischen Personals in das Beamtenverhältnis andere wichtige Gründe vorliegen.

-

§ 8 Ernennung

(1) Einer Ernennung bedarf es zur

1.

Begründung des Beamtenverhältnisses,

2.

Umwandlung des Beamtenverhältnisses in ein solches anderer Art (§ 4),

3.

Verleihung eines anderen Amtes mit anderem Grundgehalt oder

4.

Verleihung eines anderen Amtes mit anderer Amtsbezeichnung, soweit das Landesrecht dies bestimmt.

(2) Die Ernennung erfolgt durch Aushändigung einer Ernennungsurkunde. In der Urkunde müssen enthalten sein

1.

bei der Begründung des Beamtenverhältnisses die Wörter „unter Berufung in das Beamtenverhältnis" mit dem die Art des Beamtenverhältnisses bestimmenden Zusatz „auf Lebenszeit", „auf Probe", „auf Widerruf", „als Ehrenbeamtin" oder „als Ehrenbeamter" oder „auf Zeit" mit der Angabe der Zeitdauer der Berufung,

2.

bei der Umwandlung des Beamtenverhältnisses in ein solches anderer Art die diese Art bestimmenden Wörter nach Nummer 1 und

3.

bei der Verleihung eines Amtes die Amtsbezeichnung.

(3) Mit der Begründung eines Beamtenverhältnisses auf Probe, auf Lebenszeit und auf Zeit wird gleichzeitig ein Amt verliehen.

(4) Eine Ernennung auf einen zurückliegenden Zeitpunkt ist unzulässig und insoweit unwirksam.

-

§ 9 Kriterien der Ernennung

Ernennungen sind nach Eignung, Befähigung und fachlicher Leistung ohne Rücksicht auf Geschlecht, Abstammung, Rasse oder ethnische Herkunft, Behinderung, Religion oder Weltanschauung, politische Anschauungen, Herkunft, Beziehungen oder sexuelle Identität vorzunehmen.

-

§ 10 Voraussetzung der Ernennung auf Lebenszeit

Die Ernennung zur Beamtin auf Lebenszeit oder zum Beamten auf Lebenszeit ist nur zulässig, wenn die Beamtin oder der Beamte sich in einer Probezeit von mindestens sechs Monaten und höchstens fünf Jahren bewährt hat. Von der Mindestprobezeit können durch Landesrecht Ausnahmen bestimmt werden.

-

§ 11 Nichtigkeit der Ernennung

(1) Die Ernennung ist nichtig, wenn

1.

 sie nicht der in § 8 Abs. 2 vorgeschriebenen Form entspricht,

2.

 sie von einer sachlich unzuständigen Behörde ausgesprochen wurde oder

3.

 zum Zeitpunkt der Ernennung

 a)

 nach § 7 Abs. 1 Nr. 1 keine Ernennung erfolgen durfte und keine Ausnahme nach § 7 Abs. 3 zugelassen war,

 b)

 nicht die Fähigkeit zur Bekleidung öffentlicher Ämter vorlag oder

 c)

 eine ihr zu Grunde liegende Wahl unwirksam ist.

(2) Die Ernennung ist von Anfang an als wirksam anzusehen, wenn

1.

 im Fall des Absatzes 1 Nr. 1 aus der Urkunde oder aus dem Akteninhalt eindeutig hervorgeht, dass die für die Ernennung zuständige Stelle ein bestimmtes Beamtenverhältnis begründen oder ein bestehendes Beamtenverhältnis in ein solches anderer Art umwandeln wollte, für das die sonstigen Voraussetzungen vorliegen, und die für die Ernennung zuständige Stelle die Wirksamkeit schriftlich bestätigt; das Gleiche gilt, wenn die Angabe der Zeitdauer fehlt, durch Landesrecht aber die Zeitdauer bestimmt ist,

2.

 im Fall des Absatzes 1 Nr. 2 die sachlich zuständige Behörde die Ernennung bestätigt oder

3.

 im Fall des Absatzes 1 Nr. 3 Buchstabe a eine Ausnahme nach § 7 Abs. 3 nachträglich zugelassen wird.

 -

§ 12 Rücknahme der Ernennung

(1) Die Ernennung ist mit Wirkung für die Vergangenheit zurückzunehmen, wenn

1.

 sie durch Zwang, arglistige Täuschung oder Bestechung herbeigeführt wurde,

2.

 nicht bekannt war, dass die ernannte Person wegen eines Verbrechens oder Vergehens rechtskräftig zu einer Strafe verurteilt war oder wird, das sie für die Berufung in das Beamtenverhältnis nach § 8 Abs. 1 Nr. 1 als unwürdig erscheinen lässt,

3.

 die Ernennung nach § 7 Abs. 2 nicht erfolgen durfte und eine Ausnahme nach § 7 Abs. 3 nicht zugelassen war und die Ausnahme nicht nachträglich erteilt wird oder

4.

 eine durch Landesrecht vorgeschriebene Mitwirkung einer unabhängigen Stelle oder einer Aufsichtsbehörde unterblieben ist und nicht nachgeholt wurde.

(2) Die Ernennung soll zurückgenommen werden, wenn nicht bekannt war, dass gegen die ernannte Person in einem Disziplinarverfahren auf Entfernung aus dem Beamtenverhältnis oder auf Aberkennung des Ruhegehalts erkannt worden war. Dies gilt auch, wenn die Entscheidung gegen eine Beamtin oder einen Beamten der Europäischen Gemeinschaften oder eines Staates nach § 7 Abs. 1 Nr. 1 ergangen ist.

Abschnitt 3
Länderübergreifender Wechsel und Wechsel in die Bundesverwaltung

 -

§ 13 Grundsatz

Die Vorschriften des nachfolgenden Abschnitts gelten nur bei landesübergreifender Abordnung, Versetzung und Umbildung von Körperschaften sowie bei einer Abordnung oder Versetzung aus einem Land in die Bundesverwaltung.

-

§ 14 Abordnung

(1) Beamtinnen und Beamte können aus dienstlichen Gründen vorübergehend ganz oder teilweise zu einer dem übertragenen Amt entsprechenden Tätigkeit in den Bereich eines Dienstherrn eines anderen Landes oder des Bundes abgeordnet werden.

(2) Aus dienstlichen Gründen ist eine Abordnung vorübergehend ganz oder teilweise auch zu einer nicht dem Amt entsprechenden Tätigkeit zulässig, wenn dem Beamtin oder dem Beamten die Wahrnehmung der neuen Tätigkeit aufgrund der Vorbildung oder Berufsausbildung zuzumuten ist. Dabei ist auch die Abordnung zu einer Tätigkeit, die nicht einem Amt mit demselben Grundgehalt entspricht, zulässig.

(3) Die Abordnung bedarf der Zustimmung der Beamtin oder des Beamten. Abweichend von Satz 1 ist die Abordnung auch ohne Zustimmung zulässig, wenn die neue Tätigkeit zuzumuten ist und einem Amt mit demselben Grundgehalt entspricht und die Abordnung die Dauer von fünf Jahren nicht übersteigt.

(4) Die Abordnung wird von dem abgebenden im Einverständnis mit dem aufnehmenden Dienstherrn verfügt. Soweit zwischen den Dienstherren nichts anderes vereinbart ist, sind die für den Bereich des aufnehmenden Dienstherrn geltenden Vorschriften über die Pflichten und Rechte der Beamtinnen und Beamten mit Ausnahme der Regelungen über Diensteid, Amtsbezeichnung, Zahlung von Bezügen, Krankenfürsorgeleistungen und Versorgung entsprechend anzuwenden. Die Verpflichtung zur Bezahlung hat auch der Dienstherr, zu dem die Abordnung erfolgt ist.

-

§ 15 Versetzung

(1) Beamtinnen und Beamte können auf Antrag oder aus dienstlichen Gründen in den Bereich eines Dienstherrn eines anderen Landes oder des Bundes in ein Amt einer Laufbahn versetzt werden, für die sie die Befähigung besitzen.

(2) Eine Versetzung bedarf der Zustimmung der Beamtin oder des Beamten. Abweichend von Satz 1 ist die Versetzung auch ohne Zustimmung zulässig, wenn das neue Amt mit mindestens demselben Grundgehalt verbunden ist wie das bisherige Amt. Stellenzulagen gelten hierbei nicht als Bestandteile des Grundgehalts.

(3) Die Versetzung wird von dem abgebenden im Einverständnis mit dem aufnehmenden Dienstherrn verfügt. Das Beamtenverhältnis wird mit dem neuen Dienstherrn fortgesetzt.

-

§ 16 Umbildung einer Körperschaft

(1) Beamtinnen und Beamte einer juristischen Person des öffentlichen Rechts mit Dienstherrnfähigkeit (Körperschaft), die vollständig in eine andere Körperschaft eingegliedert wird, treten mit der Umbildung kraft Gesetzes in den Dienst der aufnehmenden Körperschaft über.

(2) Die Beamtinnen und Beamten einer Körperschaft, die vollständig in mehrere andere Körperschaften eingegliedert wird, sind anteilig in den Dienst der aufnehmenden Körperschaften zu übernehmen. Die beteiligten Körperschaften haben innerhalb einer Frist von sechs Monaten nach der Umbildung im Einvernehmen miteinander zu bestimmen, von welchen Körperschaften die einzelnen Beamtinnen und Beamten zu übernehmen sind. Solange eine Beamtin oder ein Beamter nicht übernommen ist, haften alle aufnehmenden Körperschaften für die ihr oder ihm zustehenden Bezüge als Gesamtschuldner.

(3) Die Beamtinnen und Beamten einer Körperschaft, die teilweise in eine oder mehrere andere Körperschaften eingegliedert wird, sind zu einem verhältnismäßigen Teil, bei mehreren Körperschaften anteilig, in den Dienst der aufnehmenden Körperschaften zu übernehmen. Absatz 2 Satz 2 ist entsprechend anzuwenden.

(4) Die Absätze 1 bis 3 gelten entsprechend, wenn eine Körperschaft mit einer oder mehreren anderen Körperschaften zu einer neuen Körperschaft zusammengeschlossen wird, wenn ein oder mehrere Teile verschiedener Körperschaften zu einem oder mehreren neuen Teilen einer Körperschaft zusammengeschlossen werden, wenn aus einer Körperschaft oder aus Teilen einer Körperschaft eine oder mehrere neue Körperschaften gebildet werden, oder wenn Aufgaben einer Körperschaft vollständig oder teilweise auf eine oder mehrere andere Körperschaften übergehen.

-

§ 17 Rechtsfolgen der Umbildung

(1) Tritt eine Beamtin oder ein Beamter aufgrund des § 16 Abs. 1 kraft Gesetzes in den Dienst einer anderen Körperschaft über oder wird sie oder er aufgrund des § 16 Abs. 2 oder 3 von einer anderen Körperschaft übernommen, wird das Beamtenverhältnis mit dem neuen Dienstherrn fortgesetzt.
(2) Im Fall des § 16 Abs. 1 ist der Beamtin oder dem Beamten von der aufnehmenden oder neuen Körperschaft die Fortsetzung des Beamtenverhältnisses schriftlich zu bestätigen.
(3) In den Fällen des § 16 Abs. 2 und 3 wird die Übernahme von der Körperschaft verfügt, in deren Dienst die Beamtin oder der Beamte treten soll. Die Verfügung wird mit der Zustellung an die Beamtin oder den Beamten wirksam. Die Beamtin oder der Beamte ist verpflichtet, der Übernahmeverfügung Folge zu leisten. Kommt die Beamtin oder der Beamte der Verpflichtung nicht nach, ist sie oder er zu entlassen.
(4) Die Absätze 1 bis 3 gelten entsprechend in den Fällen des § 16 Abs. 4.

-

§ 18 Rechtsstellung der Beamtinnen und Beamten

(1) Beamtinnen und Beamten, die nach § 16 in den Dienst einer anderen Körperschaft kraft Gesetzes übertreten oder übernommen werden, soll ein gleich zu bewertendes Amt übertragen werden, das ihrem bisherigen Amt nach Bedeutung und Inhalt ohne Rücksicht auf Dienststellung und Dienstalter entspricht. Wenn eine dem bisherigen Amt entsprechende Verwendung nicht möglich ist, kann ihnen auch ein anderes Amt mit geringerem Grundgehalt übertragen werden. Das Grundgehalt muss mindestens dem des Amtes entsprechen, das die Beamtinnen und Beamten vor dem bisherigen Amt innehatten. In diesem Fall dürfen sie neben der neuen Amtsbezeichnung die des früheren Amtes mit dem Zusatz „außer Dienst" („a. D.") führen.
(2) Die aufnehmende oder neue Körperschaft kann, wenn die Zahl der bei ihr nach der Umbildung vorhandenen Beamtinnen und Beamten den tatsächlichen Bedarf übersteigt, innerhalb einer Frist, deren Bestimmung dem Landesrecht vorbehalten bleibt, Beamtinnen und Beamte im Beamtenverhältnis auf Lebenszeit oder auf Zeit in den einstweiligen Ruhestand versetzen, wenn deren Aufgabengebiet von der Umbildung berührt wurde. Bei Beamtinnen auf Zeit und Beamten auf Zeit, die nach Satz 1 in den einstweiligen Ruhestand versetzt sind, endet der einstweilige Ruhestand mit Ablauf der Amtszeit; sie gelten in diesem Zeitpunkt als dauernd in den Ruhestand versetzt, wenn sie bei Verbleiben im Amt mit Ablauf der Amtszeit in den Ruhestand getreten wären.

-

§ 19 Rechtsstellung der Versorgungsempfängerinnen und Versorgungsempfänger

(1) Die Vorschriften des § 16 Abs. 1 und 2 und des § 17 gelten entsprechend für die im Zeitpunkt der Umbildung bei der abgebenden Körperschaft vorhandenen Versorgungsempfängerinnen und Versorgungsempfänger.
(2) In den Fällen des § 16 Abs. 3 bleiben die Ansprüche der im Zeitpunkt der Umbildung vorhandenen Versorgungsempfängerinnen und Versorgungsempfänger gegenüber der abgebenden Körperschaft bestehen.
(3) Die Absätze 1 und 2 gelten entsprechend in den Fällen des § 16 Abs. 4.

Abschnitt 4
Zuweisung einer Tätigkeit bei anderen Einrichtungen

-

§ 20 Zuweisung

(1) Beamtinnen und Beamten kann mit ihrer Zustimmung vorübergehend ganz oder teilweise eine ihrem Amt entsprechende Tätigkeit zugewiesen werden

1.
    bei einer öffentlichen Einrichtung ohne Dienstherrneigenschaft oder bei einer öffentlich-rechtlichen Religionsgemeinschaft im dienstlichen oder öffentlichen Interesse oder
2.

bei einer anderen Einrichtung, wenn öffentliche Interessen es erfordern.

(2) Beamtinnen und Beamten einer Dienststelle, die ganz oder teilweise in eine öffentlich-rechtlich organisierte Einrichtung ohne Dienstherrneigenschaft oder eine privatrechtlich organisierte Einrichtung der öffentlichen Hand umgewandelt wird, kann auch ohne ihre Zustimmung ganz oder teilweise eine ihrem Amt entsprechende Tätigkeit bei dieser Einrichtung zugewiesen werden, wenn öffentliche Interessen es erfordern.

(3) Die Rechtsstellung der Beamtinnen und Beamten bleibt unberührt.

Abschnitt 5
Beendigung des Beamtenverhältnisses

-

§ 21 Beendigungsgründe

Das Beamtenverhältnis endet durch

1.
   Entlassung,
2.
   Verlust der Beamtenrechte,
3.
   Entfernung aus dem Beamtenverhältnis nach den Disziplinargesetzen oder
4.
   Eintritt oder Versetzung in den Ruhestand.

-

§ 22 Entlassung kraft Gesetzes

(1) Beamtinnen und Beamte sind entlassen, wenn

1.
   die Voraussetzungen des § 7 Abs. 1 Nr. 1 nicht mehr vorliegen oder
2.
   sie die Altersgrenze erreichen und das Beamtenverhältnis nicht durch Eintritt in den Ruhestand endet.

(2) Die Beamtin oder der Beamte ist entlassen, wenn ein öffentlich-rechtliches Dienst- oder Amtsverhältnis zu einem anderen Dienstherrn oder zu einer Einrichtung ohne Dienstherrneigenschaft begründet wird, sofern nicht im Einvernehmen mit dem neuen Dienstherrn oder der Einrichtung die Fortdauer des Beamtenverhältnisses neben dem neuen Dienst- oder Amtsverhältnis angeordnet oder durch Landesrecht etwas anderes bestimmt wird. Dies gilt nicht für den Eintritt in ein Beamtenverhältnis auf Widerruf oder als Ehrenbeamtin oder Ehrenbeamter.

(3) Die Beamtin oder der Beamte ist mit der Berufung in ein Beamtenverhältnis auf Zeit aus einem anderen Beamtenverhältnis bei demselben Dienstherrn entlassen, soweit das Landesrecht keine abweichenden Regelungen trifft.

(4) Das Beamtenverhältnis auf Widerruf endet mit Ablauf des Tages der Ablegung oder dem endgültigen Nichtbestehen der für die Laufbahn vorgeschriebenen Prüfung, sofern durch Landesrecht nichts anderes bestimmt ist.

(5) Das Beamtenverhältnis auf Probe in einem Amt mit leitender Funktion endet mit Ablauf der Probezeit oder mit Versetzung zu einem anderen Dienstherrn.

-

§ 23 Entlassung durch Verwaltungsakt

(1) Beamtinnen und Beamte sind zu entlassen, wenn sie

1.
   den Diensteid oder ein an dessen Stelle vorgeschriebenes Gelöbnis verweigern,
2.
   nicht in den Ruhestand oder einstweilen Ruhestand versetzt werden können, weil eine versorgungsrechtliche Wartezeit nicht erfüllt ist,
3.

4. dauernd dienstunfähig sind und das Beamtenverhältnis nicht durch Versetzung in den Ruhestand endet,

5. die Entlassung in schriftlicher Form verlangen oder

nach Erreichen der Altersgrenze berufen worden sind.
Im Fall des Satzes 1 Nr. 3 ist § 26 Abs. 2 entsprechend anzuwenden.
(2) Beamtinnen und Beamte können entlassen werden, wenn sie in Fällen des § 7 Abs. 2 die Eigenschaft als Deutsche oder Deutscher im Sinne des Artikels 116 des Grundgesetzes verlieren.
(3) Beamtinnen auf Probe und Beamte auf Probe können entlassen werden,

1. wenn sie eine Handlung begehen, die im Beamtenverhältnis auf Lebenszeit mindestens eine Kürzung der Dienstbezüge zur Folge hätte,

2. wenn sie sich in der Probezeit nicht bewährt haben oder

3. wenn ihr Aufgabengebiet bei einer Behörde von der Auflösung dieser Behörde oder einer auf landesrechtlicher Vorschrift beruhenden wesentlichen Änderung des Aufbaus oder Verschmelzung dieser Behörde mit einer anderen oder von der Umbildung einer Körperschaft berührt wird und eine andere Verwendung nicht möglich ist.
Im Fall des Satzes 1 Nr. 2 ist § 26 Abs. 2 bei allein mangelnder gesundheitlicher Eignung entsprechend anzuwenden.
(4) Beamtinnen auf Widerruf und Beamte auf Widerruf können jederzeit entlassen werden. Die Gelegenheit zur Beendigung des Vorbereitungsdienstes und zur Ablegung der Prüfung soll gegeben werden.

-

§ 24 Verlust der Beamtenrechte

(1) Wenn eine Beamtin oder ein Beamter im ordentlichen Strafverfahren durch das Urteil eines deutschen Gerichts

1. wegen einer vorsätzlichen Tat zu einer Freiheitsstrafe von mindestens einem Jahr oder

2. wegen einer vorsätzlichen Tat, die nach den Vorschriften über Friedensverrat, Hochverrat und Gefährdung des demokratischen Rechtsstaates, Landesverrat und Gefährdung der äußeren Sicherheit oder, soweit sich die Tat auf eine Diensthandlung im Hauptamt bezieht, Bestechlichkeit, strafbar ist, zu einer Freiheitsstrafe von mindestens sechs Monaten

verurteilt wird, endet das Beamtenverhältnis mit der Rechtskraft des Urteils. Entsprechendes gilt, wenn die Fähigkeit zur Bekleidung öffentlicher Ämter aberkannt wird oder wenn die Beamtin oder der Beamte aufgrund einer Entscheidung des Bundesverfassungsgerichts nach Artikel 18 des Grundgesetzes ein Grundrecht verwirkt hat.
(2) Wird eine Entscheidung, die den Verlust der Beamtenrechte zur Folge hat, in einem Wiederaufnahmeverfahren aufgehoben, gilt das Beamtenverhältnis als nicht unterbrochen.

-

§ 25 Ruhestand wegen Erreichens der Altersgrenze

Beamtinnen auf Lebenszeit und Beamte auf Lebenszeit treten nach Erreichen der Altersgrenze in den Ruhestand.

-

§ 26 Dienstunfähigkeit

(1) Beamtinnen auf Lebenszeit und Beamte auf Lebenszeit sind in den Ruhestand zu versetzen, wenn sie wegen ihres körperlichen Zustands oder aus gesundheitlichen Gründen zur Erfüllung ihrer Dienstpflichten dauernd unfähig (dienstunfähig) sind. Als dienstunfähig kann auch angesehen werden, wer infolge Erkrankung innerhalb eines Zeitraums von sechs Monaten mehr als drei Monate keinen Dienst getan hat und keine Aussicht besteht, dass innerhalb einer Frist, deren Bestimmung dem Landesrecht vorbehalten bleibt, die Dienstfähigkeit wieder voll hergestellt ist. Von der Versetzung in den Ruhestand soll abgesehen werden, wenn eine anderweitige Verwendung möglich ist. Für Gruppen von Beamtinnen und Beamten können besondere Voraussetzungen für die Dienstunfähigkeit durch Landesrecht geregelt werden.
(2) Eine anderweitige Verwendung ist möglich, wenn der Beamtin oder dem Beamten ein anderes Amt derselben oder einer anderen Laufbahn übertragen werden kann. In den Fällen des Satzes 1 ist die Übertragung eines anderen Amtes

ohne Zustimmung zulässig, wenn das neue Amt zum Bereich desselben Dienstherrn gehört, es mit mindestens demselben Grundgehalt verbunden ist wie das bisherige Amt und wenn zu erwarten ist, dass die gesundheitlichen Anforderungen des neuen Amtes erfüllt werden. Beamtinnen und Beamte, die nicht die Befähigung für die andere Laufbahn besitzen, haben an Qualifizierungsmaßnahmen für den Erwerb der neuen Befähigung teilzunehmen.
(3) Zur Vermeidung der Versetzung in den Ruhestand kann der Beamtin oder dem Beamten unter Beibehaltung des übertragenen Amtes ohne Zustimmung auch eine geringerwertige Tätigkeit im Bereich desselben Dienstherrn übertragen werden, wenn eine anderweitige Verwendung nicht möglich ist und die Wahrnehmung der neuen Aufgabe unter Berücksichtigung der bisherigen Tätigkeit zumutbar ist.

-

§ 27 Begrenzte Dienstfähigkeit

(1) Von der Versetzung in den Ruhestand wegen Dienstunfähigkeit soll abgesehen werden, wenn die Beamtin oder der Beamte unter Beibehaltung des übertragenen Amtes die Dienstpflichten noch während mindestens der Hälfte der regelmäßigen Arbeitszeit erfüllen kann (begrenzte Dienstfähigkeit).
(2) Die Arbeitszeit ist entsprechend der begrenzten Dienstfähigkeit herabzusetzen. Mit Zustimmung der Beamtin oder des Beamten ist auch eine Verwendung in einer nicht dem Amt entsprechenden Tätigkeit möglich.

-

§ 28 Ruhestand bei Beamtenverhältnis auf Probe

(1) Beamtinnen auf Probe und Beamte auf Probe sind in den Ruhestand zu versetzen, wenn sie infolge Krankheit, Verwundung oder sonstiger Beschädigung, die sie sich ohne grobes Verschulden bei Ausübung oder aus Veranlassung des Dienstes zugezogen haben, dienstunfähig geworden sind.
(2) Beamtinnen auf Probe und Beamte auf Probe können in den Ruhestand versetzt werden, wenn sie aus anderen Gründen dienstunfähig geworden sind.
(3) § 26 Abs. 1 Satz 3, Abs. 2 und 3 sowie § 27 sind entsprechend anzuwenden.

-

§ 29 Wiederherstellung der Dienstfähigkeit

(1) Wird nach der Versetzung in den Ruhestand wegen Dienstunfähigkeit die Dienstfähigkeit wiederhergestellt und beantragt die Ruhestandsbeamtin oder der Ruhestandsbeamte vor Ablauf einer Frist, deren Bestimmung dem Landesrecht vorbehalten bleibt, spätestens zehn Jahre nach der Versetzung in den Ruhestand, eine erneute Berufung in das Beamtenverhältnis, ist diesem Antrag zu entsprechen, falls nicht zwingende dienstliche Gründe entgegenstehen.
(2) Beamtinnen und Beamte, die wegen Dienstunfähigkeit in den Ruhestand versetzt worden sind, können erneut in das Beamtenverhältnis berufen werden, wenn im Dienstbereich des früheren Dienstherrn ein Amt mit mindestens demselben Grundgehalt übertragen werden soll und wenn zu erwarten ist, dass die gesundheitlichen Anforderungen des neuen Amtes erfüllt werden. Beamtinnen und Beamte, die nicht die Befähigung für die andere Laufbahn besitzen, haben an Qualifizierungsmaßnahmen für den Erwerb der neuen Befähigung teilzunehmen. Den wegen Dienstunfähigkeit in den Ruhestand versetzten Beamtinnen und Beamten kann unter Übertragung eines Amtes ihrer früheren Laufbahn nach Satz 1 auch eine geringerwertige Tätigkeit im Bereich desselben Dienstherrn übertragen werden, wenn eine anderweitige Verwendung nicht möglich ist und die Wahrnehmung der neuen Aufgabe unter Berücksichtigung ihrer früheren Tätigkeit zumutbar ist.
(3) Die erneute Berufung in ein Beamtenverhältnis ist auch in den Fällen der begrenzten Dienstfähigkeit möglich.
(4) Beamtinnen und Beamte, die wegen Dienstunfähigkeit in den Ruhestand versetzt worden sind, sind verpflichtet, sich geeigneten und zumutbaren Maßnahmen zur Wiederherstellung ihrer Dienstfähigkeit zu unterziehen; die zuständige Behörde kann ihnen entsprechende Weisungen erteilen.
(5) Die Dienstfähigkeit der Ruhestandsbeamtin oder des Ruhestandsbeamten kann nach Maßgabe des Landesrechts untersucht werden; sie oder er ist verpflichtet, sich nach Weisung der zuständigen Behörde ärztlich untersuchen zu lassen. Die Ruhestandsbeamtin oder der Ruhestandsbeamte kann eine solche Untersuchung verlangen, wenn sie oder er einen Antrag nach Absatz 1 zu stellen beabsichtigt.
(6) Bei einer erneuten Berufung gilt das frühere Beamtenverhältnis als fortgesetzt.

-

§ 30 Einstweiliger Ruhestand

(1) Beamtinnen auf Lebenszeit und Beamte auf Lebenszeit können jederzeit in den einstweiligen Ruhestand versetzt werden, wenn sie ein Amt bekleiden, bei dessen Ausübung sie in fortdauernder Übereinstimmung mit den grundsätzlichen politischen Ansichten und Zielen der Regierung stehen müssen. Die Bestimmung der Ämter nach Satz 1 ist dem Landesrecht vorbehalten.
(2) Beamtinnen und Beamte, die auf Probe ernannt sind und ein Amt im Sinne des Absatzes 1 bekleiden, können jederzeit entlassen werden.
(3) Für den einstweiligen Ruhestand gelten die Vorschriften über den Ruhestand. § 29 Abs. 2 und 6 gilt entsprechend. Der einstweilige Ruhestand endet bei erneuter Berufung in das Beamtenverhältnis auf Lebenszeit auch bei einem anderen Dienstherrn, wenn den Beamtinnen oder Beamten ein Amt verliehen wird, das derselben oder einer gleichwertigen Laufbahn angehört wie das frühere Amt und mit mindestens demselben Grundgehalt verbunden ist.
(4) Erreichen Beamtinnen und Beamte, die in den einstweiligen Ruhestand versetzt sind, die gesetzliche Altersgrenze, gelten sie mit diesem Zeitpunkt als dauernd in den Ruhestand versetzt.

-

§ 31 Einstweiliger Ruhestand bei Umbildung und Auflösung von Behörden

(1) Bei der Auflösung einer Behörde oder bei einer auf landesrechtlicher Vorschrift beruhenden wesentlichen Änderung des Aufbaus oder bei Verschmelzung einer Behörde mit einer oder mehreren anderen kann eine Beamtin auf Lebenszeit oder ein Beamter auf Lebenszeit in den einstweiligen Ruhestand versetzt werden, wenn das übertragene Aufgabengebiet von der Auflösung oder Umbildung berührt wird und eine Versetzung nach Landesrecht nicht möglich ist. Zusätzliche Voraussetzungen können geregelt werden.
(2) Die erneute Berufung der in den einstweiligen Ruhestand versetzten Beamtin oder des in den einstweiligen Ruhestand versetzten Beamten in ein Beamtenverhältnis ist vorzusehen, wenn ein der bisherigen Tätigkeit entsprechendes Amt zu besetzen ist, für das sie oder er geeignet ist. Für erneute Berufungen nach Satz 1, die weniger als fünf Jahre vor Erreichen der Altersgrenze (§ 25) wirksam werden, können durch Landesrecht abweichende Regelungen getroffen werden.
(3) § 29 Abs. 6 gilt entsprechend.

-

§ 32 Wartezeit

Die Versetzung in den Ruhestand setzt die Erfüllung einer versorgungsrechtlichen Wartezeit voraus.

Abschnitt 6
Rechtliche Stellung im Beamtenverhältnis

-

§ 33 Grundpflichten

(1) Beamtinnen und Beamte dienen dem ganzen Volk, nicht einer Partei. Sie haben ihre Aufgaben unparteiisch und gerecht zu erfüllen und ihr Amt zum Wohl der Allgemeinheit zu führen. Beamtinnen und Beamte müssen sich durch ihr gesamtes Verhalten zu der freiheitlichen demokratischen Grundordnung im Sinne des Grundgesetzes bekennen und für deren Erhaltung eintreten.
(2) Beamtinnen und Beamte haben bei politischer Betätigung diejenige Mäßigung und Zurückhaltung zu wahren, die sich aus ihrer Stellung gegenüber der Allgemeinheit und aus der Rücksicht auf die Pflichten ihres Amtes ergibt.

-

§ 34 Wahrnehmung der Aufgaben, Verhalten

Beamtinnen und Beamte haben sich mit vollem persönlichem Einsatz ihrem Beruf zu widmen. Sie haben die übertragenen Aufgaben uneigennützig nach bestem Gewissen wahrzunehmen. Ihr Verhalten muss der Achtung und dem Vertrauen gerecht werden, die ihr Beruf erfordert.

-

§ 35 Weisungsgebundenheit

Beamtinnen und Beamte haben ihre Vorgesetzten zu beraten und zu unterstützen. Sie sind verpflichtet, deren dienstliche Anordnungen auszuführen und deren allgemeine Richtlinien zu befolgen. Dies gilt nicht, soweit die Beamtinnen und Beamten nach besonderen gesetzlichen Vorschriften an Weisungen nicht gebunden und nur dem Gesetz unterworfen sind.

-

§ 36 Verantwortung für die Rechtmäßigkeit

(1) Beamtinnen und Beamte tragen für die Rechtmäßigkeit ihrer dienstlichen Handlungen die volle persönliche Verantwortung.
(2) Bedenken gegen die Rechtmäßigkeit dienstlicher Anordnungen haben Beamtinnen und Beamte unverzüglich auf dem Dienstweg geltend zu machen. Wird die Anordnung aufrechterhalten, haben sie sich, wenn die Bedenken fortbestehen, an die nächst höhere Vorgesetzte oder den nächst höheren Vorgesetzten zu wenden. Wird die Anordnung bestätigt, müssen die Beamtinnen und Beamten sie ausführen und sind von der eigenen Verantwortung befreit. Dies gilt nicht, wenn das aufgetragene Verhalten die Würde des Menschen verletzt oder strafbar oder ordnungswidrig ist und die Strafbarkeit oder Ordnungswidrigkeit für die Beamtinnen oder Beamten erkennbar ist. Die Bestätigung hat auf Verlangen schriftlich zu erfolgen.
(3) Wird von den Beamtinnen oder Beamten die sofortige Ausführung der Anordnung verlangt, weil Gefahr im Verzug besteht und die Entscheidung der oder des höheren Vorgesetzten nicht rechtzeitig herbeigeführt werden kann, gilt Absatz 2 Satz 3 und 4 entsprechend.

-

§ 37 Verschwiegenheitspflicht

(1) Beamtinnen und Beamte haben über die ihnen bei oder bei Gelegenheit ihrer amtlichen Tätigkeit bekannt gewordenen dienstlichen Angelegenheiten Verschwiegenheit zu bewahren. Dies gilt auch über den Bereich eines Dienstherrn hinaus sowie nach Beendigung des Beamtenverhältnisses.
(2) Absatz 1 gilt nicht, soweit

1.
   Mitteilungen im dienstlichen Verkehr geboten sind,
2.
   Tatsachen mitgeteilt werden, die offenkundig sind oder ihrer Bedeutung nach keiner Geheimhaltung bedürfen, oder
3.
   gegenüber der zuständigen obersten Dienstbehörde, einer Strafverfolgungsbehörde oder einer durch Landesrecht bestimmten weiteren Behörde oder außerdienstlichen Stelle ein durch Tatsachen begründeter Verdacht einer Korruptionsstraftat nach den §§ 331 bis 337 des Strafgesetzbuches angezeigt wird.
Im Übrigen bleiben die gesetzlich begründeten Pflichten, geplante Straftaten anzuzeigen und für die Erhaltung der freiheitlichen demokratischen Grundordnung einzutreten, von Absatz 1 unberührt.
(3) Beamtinnen und Beamte dürfen ohne Genehmigung über Angelegenheiten, für die Absatz 1 gilt, weder vor Gericht noch außergerichtlich aussagen oder Erklärungen abgeben. Die Genehmigung erteilt der Dienstherr oder, wenn das Beamtenverhältnis beendet ist, der letzte Dienstherr. Hat sich der Vorgang, der den Gegenstand der Äußerung bildet, bei einem früheren Dienstherrn ereignet, darf die Genehmigung nur mit dessen Zustimmung erteilt werden. Durch Landesrecht kann bestimmt werden, dass an die Stelle des in den Sätzen 2 und 3 genannten jeweiligen Dienstherrn eine andere Stelle tritt.
(4) Die Genehmigung, als Zeugin oder Zeuge auszusagen, darf nur versagt werden, wenn die Aussage dem Wohl des Bundes oder eines deutschen Landes erhebliche Nachteile bereiten oder die Erfüllung öffentlicher Aufgaben ernstlich gefährden oder erheblich erschweren würde. Durch Landesrecht kann bestimmt werden, dass die Verweigerung der

Genehmigung zur Aussage vor Untersuchungsausschüssen des Deutschen Bundestages oder der Volksvertretung eines Landes einer Nachprüfung unterzogen werden kann. Die Genehmigung, ein Gutachten zu erstatten, kann versagt werden, wenn die Erstattung den dienstlichen Interessen Nachteile bereiten würde.

(5) Sind Beamtinnen oder Beamte Partei oder Beschuldigte in einem gerichtlichen Verfahren oder soll ihr Vorbringen der Wahrnehmung ihrer berechtigten Interessen dienen, darf die Genehmigung auch dann, wenn die Voraussetzungen des Absatzes 4 Satz 1 erfüllt sind, nur versagt werden, wenn die dienstlichen Rücksichten dies unabweisbar erfordern. Wird sie versagt, ist Beamtinnen oder Beamten der Schutz zu gewähren, den die dienstlichen Rücksichten zulassen.

(6) Beamtinnen und Beamte haben, auch nach Beendigung des Beamtenverhältnisses, auf Verlangen des Dienstherrn oder des letzten Dienstherrn amtliche Schriftstücke, Zeichnungen, bildliche Darstellungen sowie Aufzeichnungen jeder Art über dienstliche Vorgänge, auch soweit es sich um Wiedergaben handelt, herauszugeben. Die gleiche Verpflichtung trifft ihre Hinterbliebenen und Erben.

-

§ 38 Diensteid

(1) Beamtinnen und Beamte haben einen Diensteid zu leisten. Der Diensteid hat eine Verpflichtung auf das Grundgesetz zu enthalten.

(2) In den Fällen, in denen Beamtinnen und Beamte erklären, dass sie aus Glaubens- oder Gewissensgründen den Eid nicht leisten wollen, kann für diese an Stelle des Eides ein Gelöbnis zugelassen werden.

(3) In den Fällen, in denen nach § 7 Abs. 3 eine Ausnahme von § 7 Abs. 1 Nr. 1 zugelassen worden ist, kann an Stelle des Eides ein Gelöbnis vorgeschrieben werden.

-

§ 39 Verbot der Führung der Dienstgeschäfte

Beamtinnen und Beamten kann aus zwingenden dienstlichen Gründen die Führung der Dienstgeschäfte verboten werden. Das Verbot erlischt, wenn nicht bis zum Ablauf von drei Monaten gegen die Beamtin oder den Beamten ein Disziplinarverfahren oder ein sonstiges auf Rücknahme der Ernennung oder auf Beendigung des Beamtenverhältnisses gerichtetes Verfahren eingeleitet worden ist.

-

§ 40 Nebentätigkeit

Eine Nebentätigkeit ist grundsätzlich anzeigepflichtig. Sie ist unter Erlaubnis- oder Verbotsvorbehalt zu stellen, soweit sie geeignet ist, dienstliche Interessen zu beeinträchtigen.

-

§ 41 Tätigkeit nach Beendigung des Beamtenverhältnisses

Ruhestandsbeamtinnen und Ruhestandsbeamte sowie frühere Beamtinnen mit Versorgungsbezügen und frühere Beamte mit Versorgungsbezügen haben die Ausübung einer Erwerbstätigkeit oder sonstigen Beschäftigung außerhalb des öffentlichen Dienstes, die mit der dienstlichen Tätigkeit innerhalb eines Zeitraums, dessen Bestimmung dem Landesrecht vorbehalten bleibt, im Zusammenhang steht und durch die dienstliche Interessen beeinträchtigt werden können, anzuzeigen. Die Erwerbstätigkeit oder sonstige Beschäftigung ist zu untersagen, wenn zu besorgen ist, dass durch sie dienstliche Interessen beeinträchtigt werden. Das Verbot endet spätestens mit Ablauf von fünf Jahren nach Beendigung des Beamtenverhältnisses.

-

§ 42 Verbot der Annahme von Belohnungen, Geschenken und sonstigen Vorteilen

(1) Beamtinnen und Beamte dürfen, auch nach Beendigung des Beamtenverhältnisses, keine Belohnungen, Geschenke

oder sonstigen Vorteile für sich oder eine dritte Person in Bezug auf ihr Amt fordern, sich versprechen lassen oder annehmen. Ausnahmen bedürfen der Zustimmung ihres gegenwärtigen oder letzten Dienstherrn.

(2) Wer gegen das in Absatz 1 genannte Verbot verstößt, hat das aufgrund des pflichtwidrigen Verhaltens Erlangte auf Verlangen dem Dienstherrn herauszugeben, soweit nicht der Verfall angeordnet worden oder es auf andere Weise auf den Staat übergegangen ist.

-

§ 43 Teilzeitbeschäftigung

Teilzeitbeschäftigung ist zu ermöglichen.

-

§ 44 Erholungsurlaub

Beamtinnen und Beamten steht jährlicher Erholungsurlaub unter Fortgewährung der Bezüge zu.

-

§ 45 Fürsorge

Der Dienstherr hat im Rahmen des Dienst- und Treueverhältnisses für das Wohl der Beamtinnen und Beamten und ihrer Familien, auch für die Zeit nach Beendigung des Beamtenverhältnisses, zu sorgen. Er schützt die Beamtinnen und Beamten bei ihrer amtlichen Tätigkeit und in ihrer Stellung.

-

§ 46 Mutterschutz und Elternzeit

Mutterschutz und Elternzeit sind zu gewährleisten.

-

§ 47 Nichterfüllung von Pflichten

(1) Beamtinnen und Beamte begehen ein Dienstvergehen, wenn sie schuldhaft die ihnen obliegenden Pflichten verletzen. Ein Verhalten außerhalb des Dienstes ist nur dann ein Dienstvergehen, wenn es nach den Umständen des Einzelfalls in besonderem Maße geeignet ist, das Vertrauen in einer für ihr Amt bedeutsamen Weise zu beeinträchtigen.

(2) Bei Ruhestandsbeamtinnen und Ruhestandsbeamten oder früheren Beamtinnen mit Versorgungsbezügen und früheren Beamten mit Versorgungsbezügen gilt es als Dienstvergehen, wenn sie sich gegen die freiheitliche demokratische Grundordnung im Sinne des Grundgesetzes betätigen oder an Bestrebungen teilnehmen, die darauf abzielen, den Bestand oder die Sicherheit der Bundesrepublik zu beeinträchtigen, oder wenn sie schuldhaft gegen die in den §§ 37, 41 und 42 bestimmten Pflichten verstoßen. Bei sonstigen früheren Beamtinnen und früheren Beamten gilt es als Dienstvergehen, wenn sie schuldhaft gegen die in den §§ 37, 41 und 42 bestimmten Pflichten verstoßen. Für Beamtinnen und Beamte nach den Sätzen 1 und 2 können durch Landesrecht weitere Handlungen festgelegt werden, die als Dienstvergehen gelten.

(3) Das Nähere über die Verfolgung von Dienstvergehen regeln die Disziplinargesetze.

-

§ 48 Pflicht zum Schadensersatz

Beamtinnen und Beamte, die vorsätzlich oder grob fahrlässig die ihnen obliegenden Pflichten verletzen, haben dem Dienstherrn, dessen Aufgaben sie wahrgenommen haben, den daraus entstehenden Schaden zu ersetzen. Haben mehrere Beamtinnen oder Beamte gemeinsam den Schaden verursacht, haften sie als Gesamtschuldner.

§ 49 Übermittlungen bei Strafverfahren

(1) Das Gericht, die Strafverfolgungs- oder die Strafvollstreckungsbehörde hat in Strafverfahren gegen Beamtinnen und Beamte zur Sicherstellung der erforderlichen dienstrechtlichen Maßnahmen im Fall der Erhebung der öffentlichen Klage

1.
 die Anklageschrift oder eine an ihre Stelle tretende Antragsschrift,
2.
 den Antrag auf Erlass eines Strafbefehls und
3.
 die einen Rechtszug abschließende Entscheidung mit Begründung

zu übermitteln. Ist gegen die Entscheidung ein Rechtsmittel eingelegt worden, ist die Entscheidung unter Hinweis auf das eingelegte Rechtsmittel zu übermitteln. Der Erlass und der Vollzug eines Haftbefehls oder eines Unterbringungsbefehls sind mitzuteilen.

(2) In Verfahren wegen fahrlässig begangener Straftaten werden die in Absatz 1 Satz 1 bestimmten Übermittlungen nur vorgenommen, wenn

1.
 es sich um schwere Verstöße handelt, namentlich Vergehen der Trunkenheit im Straßenverkehr oder der fahrlässigen Tötung, oder
2.
 in sonstigen Fällen die Kenntnis der Daten aufgrund der Umstände des Einzelfalls erforderlich ist, um zu prüfen, ob dienstrechtliche Maßnahmen zu ergreifen sind.

(3) Entscheidungen über Verfahrenseinstellungen, die nicht bereits nach Absatz 1 oder 2 zu übermitteln sind, sollen übermittelt werden, wenn die in Absatz 2 Nr. 2 genannten Voraussetzungen erfüllt sind. Dabei ist zu berücksichtigen, wie gesichert die zu übermittelnden Erkenntnisse sind.

(4) Sonstige Tatsachen, die in einem Strafverfahren bekannt werden, dürfen mitgeteilt werden, wenn ihre Kenntnis aufgrund besonderer Umstände des Einzelfalls für dienstrechtliche Maßnahmen gegen eine Beamtin oder einen Beamten erforderlich ist und soweit nicht für die übermittelnde Stelle erkennbar ist, dass schutzwürdige Interessen der Beamtin oder des Beamten an dem Ausschluss der Übermittlung überwiegen. Erforderlich ist die Kenntnis der Daten auch dann, wenn diese Anlass zur Prüfung bieten, ob dienstrechtliche Maßnahmen zu ergreifen sind. Absatz 3 Satz 2 ist entsprechend anzuwenden.

(5) Nach den Absätzen 1 bis 4 übermittelte Daten dürfen auch für die Wahrnehmung der Aufgaben nach dem Sicherheitsüberprüfungsgesetz oder einem entsprechenden Landesgesetz verwendet werden.

(6) Übermittlungen nach den Absätzen 1 bis 3 sind auch zulässig, soweit sie Daten betreffen, die dem Steuergeheimnis (§ 30 der Abgabenordnung) unterliegen. Übermittlungen nach Absatz 4 sind unter den Voraussetzungen des § 30 Abs. 4 Nr. 5 der Abgabenordnung zulässig.

§ 50 Personalakte

Für jede Beamtin und jeden Beamten ist eine Personalakte zu führen. Zur Personalakte gehören alle Unterlagen, die die Beamtin oder den Beamten betreffen, soweit sie mit dem Dienstverhältnis in einem unmittelbaren inneren Zusammenhang stehen (Personalaktendaten). Die Personalakte ist vertraulich zu behandeln. Personalaktendaten dürfen nur für Zwecke der Personalverwaltung oder Personalwirtschaft verwendet werden, es sei denn, die Beamtin oder der Beamte willigt in die anderweitige Verwendung ein. Für Ausnahmefälle kann landesrechtlich eine von Satz 4 abweichende Verwendung vorgesehen werden.

§ 51 Personalvertretung

Die Bildung von Personalvertretungen zum Zweck der vertrauensvollen Zusammenarbeit zwischen der Behördenleitung und dem Personal ist unter Einbeziehung der Beamtinnen und Beamten zu gewährleisten.

67

§ 52 Mitgliedschaft in Gewerkschaften und Berufsverbänden

Beamtinnen und Beamte haben das Recht, sich in Gewerkschaften oder Berufsverbänden zusammenzuschließen. Sie dürfen wegen Betätigung für ihre Gewerkschaft oder ihren Berufsverband nicht dienstlich gemaßregelt oder benachteiligt werden.

-

§ 53 Beteiligung der Spitzenorganisationen

Bei der Vorbereitung gesetzlicher Regelungen der beamtenrechtlichen Verhältnisse durch die obersten Landesbehörden sind die Spitzenorganisationen der zuständigen Gewerkschaften und Berufsverbände zu beteiligen. Das Beteiligungsverfahren kann auch durch Vereinbarung ausgestaltet werden.

Abschnitt 7
Rechtsweg

-

§ 54 Verwaltungsrechtsweg

(1) Für alle Klagen der Beamtinnen, Beamten, Ruhestandsbeamtinnen, Ruhestandsbeamten, früheren Beamtinnen, früheren Beamten und der Hinterbliebenen aus dem Beamtenverhältnis sowie für Klagen des Dienstherrn ist der Verwaltungsrechtsweg gegeben.
(2) Vor allen Klagen ist ein Vorverfahren nach den Vorschriften des 8. Abschnitts der Verwaltungsgerichtsordnung durchzuführen. Dies gilt auch dann, wenn die Maßnahme von der obersten Dienstbehörde getroffen worden ist. Ein Vorverfahren ist nicht erforderlich, wenn ein Landesgesetz dieses ausdrücklich bestimmt.
(3) Den Widerspruchsbescheid erlässt die oberste Dienstbehörde. Sie kann die Entscheidung für Fälle, in denen sie die Maßnahme nicht selbst getroffen hat, durch allgemeine Anordnung auf andere Behörden übertragen. Die Anordnung ist zu veröffentlichen.
(4) Widerspruch und Anfechtungsklage gegen Abordnung oder Versetzung haben keine aufschiebende Wirkung.

Abschnitt 8
Spannungs- und Verteidigungsfall

-

§ 55 Anwendungsbereich

Beschränkungen, Anordnungen und Verpflichtungen nach den §§ 56 bis 59 sind nur nach Maßgabe des Artikels 80a des Grundgesetzes zulässig. Sie sind auf Personen im Sinne des § 5 Abs. 1 des Arbeitssicherstellungsgesetzes nicht anzuwenden.

-

§ 56 Dienstleistung im Verteidigungsfall

(1) Beamtinnen und Beamte können für Zwecke der Verteidigung auch ohne ihre Zustimmung zu einem anderen Dienstherrn abgeordnet oder zur Dienstleistung bei über- oder zwischenstaatlichen zivilen Dienststellen verpflichtet werden.
(2) Beamtinnen und Beamten können für Zwecke der Verteidigung auch Aufgaben übertragen werden, die nicht ihrem Amt oder ihrer Laufbahnbefähigung entsprechen, sofern ihnen die Übernahme nach ihrer Vor- und Ausbildung und im Hinblick auf die Ausnahmesituation zumutbar ist. Aufgaben einer Laufbahn mit geringeren Zugangsvoraussetzungen

dürfen ihnen nur übertragen werden, wenn dies aus dienstlichen Gründen unabweisbar ist.

(3) Beamtinnen und Beamte haben bei der Erfüllung der ihnen für Zwecke der Verteidigung übertragenen Aufgaben Gefahren und Erschwernisse auf sich zu nehmen, soweit diese ihnen nach den Umständen und den persönlichen Verhältnissen zugemutet werden können.

(4) Beamtinnen und Beamte sind bei einer Verlegung der Behörde oder Dienststelle auch in das Ausland zur Dienstleistung am neuen Dienstort verpflichtet.

-

§ 57 Aufschub der Entlassung und des Ruhestands

Die Entlassung der Beamtinnen und Beamten auf ihren Antrag kann für Zwecke der Verteidigung hinausgeschoben werden, wenn dies im öffentlichen Interesse erforderlich ist und der Personalbedarf der öffentlichen Verwaltung im Bereich ihres Dienstherrn auf freiwilliger Grundlage nicht gedeckt werden kann. Satz 1 gilt entsprechend für den Ablauf der Amtszeit bei Beamtenverhältnissen auf Zeit. Der Eintritt der Beamtinnen und Beamten in den Ruhestand nach Erreichen der Altersgrenze und die vorzeitige Versetzung in den Ruhestand auf Antrag ohne Nachweis der Dienstunfähigkeit können unter den Voraussetzungen des Satzes 1 bis zum Ende des Monats hinausgeschoben werden, in dem die für Bundesbeamtinnen und Bundesbeamte geltende Regelaltersgrenze erreicht wird.

-

§ 58 Erneute Berufung von Ruhestandsbeamtinnen und Ruhestandsbeamten

Ruhestandsbeamtinnen und Ruhestandsbeamte, die die für Bundesbeamtinnen und Bundesbeamte geltende Regelaltersgrenze noch nicht erreicht haben, können für Zwecke der Verteidigung erneut in ein Beamtenverhältnis berufen werden, wenn dies im öffentlichen Interesse erforderlich ist und der Personalbedarf der öffentlichen Verwaltung im Bereich ihres bisherigen Dienstherrn auf freiwilliger Grundlage nicht gedeckt werden kann. Das Beamtenverhältnis endet, wenn es nicht vorher beendet wird, mit dem Ende des Monats, in dem die für Bundesbeamtinnen und Bundesbeamte geltende Regelaltersgrenze erreicht wird.

-

§ 59 Verpflichtung zur Gemeinschaftsunterkunft und Mehrarbeit

(1) Wenn dienstliche Gründe es erfordern, können Beamtinnen und Beamte für Zwecke der Verteidigung verpflichtet werden, vorübergehend in einer Gemeinschaftsunterkunft zu wohnen und an einer Gemeinschaftsverpflegung teilzunehmen.

(2) Beamtinnen und Beamte sind verpflichtet, für Zwecke der Verteidigung über die regelmäßige Arbeitszeit hinaus ohne besondere Vergütung Dienst zu tun. Für die Mehrbeanspruchung wird ein Freizeitausgleich nur gewährt, soweit es die dienstlichen Erfordernisse gestatten.

Abschnitt 9
Sonderregelungen für Verwendungen im Ausland

-

§ 60 Verwendungen im Ausland

(1) Beamtinnen und Beamte, die zur Wahrnehmung des ihnen übertragenen Amtes im Ausland oder außerhalb des Deutschen Hoheitsgebiets auf Schiffen oder in Luftfahrzeugen verwendet werden und dabei wegen vom Inland wesentlich abweichender Verhältnisse erhöhten Gefahren ausgesetzt sind, können aus dienstlichen Gründen verpflichtet werden,

1.

   vorübergehend in einer Gemeinschaftsunterkunft zu wohnen und an einer Gemeinschaftsverpflegung

2. teilzunehmen,

3. Schutzkleidung zu tragen,

4. Dienstkleidung zu tragen und

über die regelmäßige Arbeitszeit hinaus ohne besondere Vergütung Dienst zu tun.

In den Fällen des Satzes 1 Nr. 4 wird für die Mehrbeanspruchung ein Freizeitausgleich nur gewährt, soweit es die dienstlichen Erfordernisse gestatten.

(2) Sind nach Absatz 1 verwendete Beamtinnen und Beamte zum Zeitpunkt des vorgesehenen Eintritts in den Ruhestand nach den §§ 25 und 26 oder des vorgesehenen Ablaufs ihrer Amtszeit wegen Verschleppung, Gefangenschaft oder aus sonstigen mit dem Dienst zusammenhängenden Gründen, die sie nicht zu vertreten haben, dem Einflussbereich des Dienstherrn entzogen, verlängert sich das Dienstverhältnis bis zum Ablauf des auf die Beendigung dieses Zustands folgenden Monats.

Abschnitt 10
Sonderregelungen für wissenschaftliches Hochschulpersonal

-

§ 61 Hochschullehrerinnen und Hochschullehrer

Abweichend von den §§ 14 und 15 können Hochschullehrerinnen und Hochschullehrer nur mit ihrer Zustimmung in den Bereich eines Dienstherrn eines anderen Landes oder des Bundes abgeordnet oder versetzt werden. Abordnung oder Versetzung im Sinne von Satz 1 sind auch ohne Zustimmung der Hochschullehrerinnen oder Hochschullehrer zulässig, wenn die Hochschule oder die Hochschuleinrichtung, an der sie tätig sind, aufgelöst oder mit einer anderen Hochschule zusammengeschlossen wird oder wenn die Studien- oder Fachrichtung, in der sie tätig sind, ganz oder teilweise aufgehoben oder an eine andere Hochschule verlegt wird. In diesen Fällen beschränkt sich eine Mitwirkung der aufnehmenden Hochschule oder Hochschuleinrichtung bei der Einstellung auf eine Anhörung. Die Vorschriften über den einstweiligen Ruhestand sind auf Hochschullehrerinnen und Hochschullehrer nicht anzuwenden.

Abschnitt 11
Schlussvorschriften

-

§ 62

(1) bis (10) (Änderungsvorschriften)

-

§ 63 Inkrafttreten, Außerkrafttreten

(1) Die §§ 25 und 50 treten am Tag nach der Verkündung in Kraft. Gleichzeitig treten die §§ 25 und 26 Abs. 3 sowie die §§ 56 bis 56f des Beamtenrechtsrahmengesetzes in der Fassung der Bekanntmachung vom 31. März 1999 (BGBl. I S 654), das zuletzt durch Artikel 2 Abs. 1 des Gesetzes vom 5. Dezember 2006 (BGBl. I S. 2748) geändert worden ist, außer Kraft.

(2) § 62 Abs. 13 und 14 tritt für Bundesbeamtinnen und Bundesbeamte am 12. Februar 2009 in Kraft.

(3) Im Übrigen tritt das Gesetz am 1. April 2009 in Kraft. Gleichzeitig tritt das Beamtenrechtsrahmengesetz mit Ausnahme von Kapitel II und § 135 außer Kraft.

(4) Die Länder können für die Zeit bis zum Inkrafttreten des § 11 Landesregelungen im Sinne dieser Vorschrift in Kraft

setzen. In den Ländern, die davon Gebrauch machen, ist § 8 des Beamtenrechtsrahmengesetzes nicht anzuwenden.